Gestalten und Dokumente

Band 3

21

Dr. Hermann Brinckmeyer

Hugo Stinnes

Sechste Auflage
19.—22. Tausend

Wieland Verlag / München

Druck von Julius Klinkhardt in Leipzig

Inhaltsverzeichnis.

	Seite
Einleitung	7
Die Persönlichkeit	9
Die Vorfahren	15
Die ersten Unternehmungen	22
Stinnes im Weltkrieg	32
Montan-Konzern: Rheinelbe-Union	35
Elektro-Montan-Konzern: Siemens-Rheinelbe-Schuckert-Union	38
Verknüpfungen im In- und Ausland	47
Stinnes und die Presse	56
Stinnes in der Öffentlichkeit	59
Stinnes und die Sozialisierung	68
Die Bedeutung des Stinneskonzerns für die deutsche Wirtschaftsentwicklung	71

Man frage in Deutschland herum, und man wird kaum zweimal das gleiche Urteil über diesen Mann hören. Aber kaum ein anderer Name wird so unzählige Male genannt wie der von Stinnes.

Vielen ist er ein Idol, vielen ein Landschrecken. Den Sozialisten des „Vorwärts" erscheint er als zwangsläufiges Produkt der Entwicklung und Wegbereiter des Zukunftsstaates: „Er bringt, wie Marx sagt, den Kapitalismus in den ‚Puppenzustand', aus dem einst als fertiger Schmetterling die sozialistische Gemeinwirtschaft entschlüpfen wird. Stören wir ihn nicht in seinem Werke! Die Sozialisten, werden ihn vielleicht noch preisen als einen ihrer Größten." Sozialisten anderer Observanz sehen in ihm den verabscheuungswürdigen Vampyr des Proletariates. W. von Moellendorf vermutet in Stinnes einen moralfreien Opportunisten, Walther Rathenau kennzeichnet ihn als partikularistischen Industrieherzog, destruktiv wirkend im Sinne der neuen Gemeinwirtschaft. Die gefühlsseligen Rheinländer sprechen von „Hugo" mit derselben ehrfürchtigen Vertraulichkeit, wie die Israeliten den Namen ihres Wüstenführers genannt haben mögen. Und sicherlich malt sich das Bild des rätselhaften Mannes in manchem einfachen Gemüte als das eines gerechten und strengen Patriarchen.

Eines aber ist gewiß: ein Schönredner, Nichtstuer, Phantast ist Hugo Stinnes nicht. Während tausend Hirne und Hände von der Resignation der Zeit befallen und gelähmt sind, während tausend und nicht die schlechtesten Köpfe erwägen und debattieren, wie der Mörtel des Wiederaufbaues beschaffen sein soll, türmt dieser Mann gelassen und unbekümmert Quader auf Quader, vielleicht zum eisenstarken Bauwerke, das die Zeiten überdauern wird, vielleicht zum babylonischen Torso und zur Sprachverwirrung der Bauleute.

Die Persönlichkeit.

Hugo Stinnes ist heute fünfzigjährig. Sein Aussehen ist das eines Mannes der Arbeit. Er könnte in der Kleidung eines Werkmeisters oder Bergmannes gehen; man würde sich nicht wundern, ihm so auf einer Kohlenzeche zu begegnen. Er ist selbst wie ein wandelndes Stück Kohle.

Auf gedrungenem Rumpf sitzt ein dicker Kopf. Das Haupthaar ist geschoren, schwarz, das Gesicht großflächig und bleich, der Bart kohlschwarz, die Nase gebogen, die Augen schwer unterlegt. „Assyrerkönig" nannte ihn neulich eine deutsche Zeitung.

Seine äußere Erscheinung ist ohne jede Pose . eindeutig schwer, fest. Wenn er, ein wenig gebeugt, dahergeht, latscht er wie ein Seefahrer. In Kleidung, Gewohnheit und Gehaben ist er ein einfacher Mann. „Mit seinem blassen Gesicht, seinen etwas ermüdeten Augen und seiner bescheidenen Kleidung hat er eher das Aussehen eines Arbeitersekretärs als das des deutschen Rockefeller." So schreibt über ihn der französische Berichterstatter, der ihn in Spa sah.

Stinnes arbeitet rastlos. Man würde sicherlich irren, wollte man persönlichen Ehrgeiz oder Geldgier, aber auch, wollte man den Gedanken an die Allgemeinheit als seine Triebkräfte vermuten. Wer die Industriekapitäne des rheinisch-westfälischen Revieres in ihrem Milieu kennt, wird ihn schon eher begreifen. Diese Männer sind besessen vom Drang zur schöpferischen Arbeit. Sie sind Konstruktoren, Baumeister, die die menschlichen Kräfte zur gemeinsamen Betätigung zwingen, die das Baumaterial bis in seine letzten Fasern kennen und beherrschen, die noch im Schlaf an ihren Plänen zirkeln und rechnen und denen blitzartig immer neue Kombinationen durchs Gehirn schießen. Ruhe, Wohlleben, Genuß ist den Industrieführern reinen Wassers etwas Unbekanntes. Sie leben und schaffen unter den denkbar einfachsten äußeren Verhältnissen. Sieht man diese Männer in müßiger Gesellschaft — man sieht sie dort fast nie —

so sieht man abwesende Augen. Einen Thyssen, Klöckner, Kirdorf, Stinnes in einer Bar kann man sich nicht vorstellen. Aber auch nicht in der falschen Heldenpose wilhelminischer Romantik. Es ist psychologisch interessant, daß diese Leute im Auto durch die Vorstädte der Arbeiter fahren können, ohne daß man ihnen das Autofahren verübelt. Das arbeitende Volk hat einen untrüglichen Instinkt für arbeitende und für schmarotzende Leute. Selbst der radikalste Klassengegner fühlt, daß etwas anderes in diesen Leuten steckt als Ausbeutungstrieb und Gier nach Wohlleben. Es wäre sonst nicht denkbar, daß im Industrierevier, selbst in den bewegtesten Zeiten der revolutionären Leidenschaft, nie die Waffe gegen sie erhoben worden ist.

Nüchterne Sachlichkeit ist das hervorstechende Merkmal dieser Männer. Hier liegt ihre Stärke. Ihre Nerven sind unverbraucht und keinen Gefühlsschwankungen preisgegeben. In dieser Sachlichkeit liegt auch ihre Schwäche. Sie laufen auf den festen Schienen des Arbeitsdienstes, sie sind wie Galeerensträflinge an ihr Werk geschmiedet, sie sind ungewöhnlich und dadurch isoliert, sie sind schicksalverfallen. Viele Seiten des Lebensbuches sind ihnen verschlossen, obwohl sie Lebensherrscher sind. Über die Mauern ihres selbstgebauten Werkes trägt sie kein noch so königliche Wille mehr hinaus.

Sie kennen die Muße nicht und nicht die Musen. Sie streben auch nicht nach dem Ruhm des Mäzenatentumes.

Wofür arbeiten diese Leute? Hugo Stinnes hat heute ein beträchtliches Vermögen, er mehrt es von Tag zu Tag, seine Macht und sein Einfluß sind nicht abzuschätzen. Selbst wenn er sich die Zeit nehmen könnte, wäre es ihm unmöglich, das, was er erarbeitet hat, mit Genuß zu vertun. Aber diese Männer nehmen sich nicht einmal die Zeit zur Ruhe, die sich jeder andere Arbeiter nimmt. Thyssen, heute ein Greis von bald 80 Jahren, fährt Tag für Tag frühmorgens mit der Straßenbahn in sein Kontor und ist bereits um acht Uhr dort zu treffen. Vielleicht denken diese Leute selbst kaum darüber nach, warum sie schaffen.

Vor nicht langer Zeit ging ein Arbeiterführer nach einer angestrengten Sitzung mit Stinnes nach Hause. Im Laufe

10

des Gespräches fragte er ihn: „Sagen Sie doch mal, Herr Stinnes, für was schuften und quälen Sie sich eigentlich so?" Stinnes sah ihn mit seinem merkwürdigen Augenaufschlag an und sagte: „Für meine Kinder." Merkwürdige Antwort. Meinte er sie ironisch, gegenüber dem sozialistischen Gewerkschaftler? Oder kam ihm, dem Sprößling einer seit drei Generationen führenden Familie, aus dem Unterbewußtsein der Ausdruck eines allmählich wachsenden dynastischen Gefühles? Man weiß, welche Bedeutung Hugo Stinnes den Kräften einer Familie und namentlich seiner Familie beimißt. Man weiß auch, welch ungewöhnliche Forderungen er an seine Familienmitglieder stellt — ähnlich wie Familienaufgaben einer Dynastie.

Die Unternehmungen von Hugo Stinnes sind heute kaum zu übersehen. Seine Mitarbeiter sind zahlreich und zum Teil Männer von großer Tatkraft, Erfahrung und Tüchtigkeit. Es sind Leute darunter, die ihr Leben lang an der Spitze großer Unternehmungen gestanden haben. Aber Stinnes hat die entscheidende Führung*). Bemerkenswert ist es, daß sein ältester Sohn Hugo, ein vielleicht noch größeres

---

*) Die „Rote Fahne" dichtete ihn vor kurzem an:
> Kräft'gen Beutels, kräft'gen Sinnes
> Koaliert Mathias Stinnes
> Von dem Rohstoff bis zur Zeitung —
> Alles unter seine Leitung.

> Emil Kirdorf selbst und Baaren
> Packt er bei den weißen Haaren,
> Schnallt darauf C. F. von Siemens
> An das Ende seines Riemens.

> Alles hat er schon am Bandel,
> Autos, Werften, Kohlenhandel,
> Grandhotels, Partei'n, Minister,
> Alles schluckt er, alles frißt er.

> Alles gliedert er sich an
> Von Hilferding bis Stresemann,
> Nasgeführte und Bewußte
> Unterwirft er seinem Truste.

> So verknüpft er mittels Pinke
> Rechte, Mittelstück und „Linke"
> — Keiner sonst hat es gekonnt —
> Zur „nationalen Einheitsfront".

Zahlengenie als sein Vater, eine außerordentlich selbständige Initiative entwickelt.

Über das persönliche Vermögen von Hugo Stinnes sind viele und zum Teil recht übertriebene Meinungen verbreitet. Man darf aber nicht vergessen, daß die ihm persönlich gehörenden Unternehmungen verhältnismäßig gering an Zahl sind gegenüber den vielen Aktienunternehmungen, Beteiligungsgesellschaften und Familiengesellschaften, die der Konzern umfaßt.

· Hugo Stinnes ist von genialer Sachlichkeit. Er beherrscht nicht nur sein Gebiet mit dem feinsten und kühlsten Rechenverstand, er hat auch die höchste sachliche Intuition, den sachlichen Instinkt. Er erkennt wirtschaftliche Möglichkeiten mit fernliegenden Konsequenzen, wenn ein anderer noch achtlos daran vorübergeht. Ausgeklügelten Konstruktionen setzt er nicht nach, er ist konstruktiv. In jedem Augenblicke kann er sich umstellen, ohne Gefahr zu laufen, sein Werk unorganisch zu gestalten. Mit diesen Eigenschaften allein wäre er allerdings noch kein Machtfaktor im heutigen Deutschland. Es kommt hinzu, daß er in der Zeit der Willenlosigkeit einen festen Willen, in der Zeit der Haltlosigkeit und der Pose eine innerliche Haltung hat. Weil er eine innerliche Haltung hat, braucht er äußerlich keine zu markieren.

Daher sein suggestiver Einfluß bei allen, denen er gegenüber tritt. Daher seine Macht über Menschen und Verhältnisse. Eigenartig ist seine Stellung zu den Arbeitern und Arbeiterführern. Der Verkehrston ist burschikos. Ungeschminkte Wahrheiten sind für ihn keine Grobheiten, aber selbst diese beleidigen ihn nicht, sofern Ehrlichkeit und Wille dahinter stehen. Wo er bei seinem Gegner Ganzheit und Klarheit wahrnimmt, ist die persönliche Brücke sofort geschlagen. Bloßer Taktik geht er offen zu Leibe, oder er beachtet sie überhaupt nicht. Mit Theorien freundet er sich nicht an. Hin und wieder hört er einem Theoretiker ganz gern eine Stunde zu. Er hat dann ein Vergnügen an den Kombinationen. Noch beim Zuhören zerpflückt er sie.

Er denkt ökonomisch. Wenn er die Beteiligung der Arbeitnehmer an den Unternehmungen mittels Aktienbeteili-

12

gung vorschlägt, so leitet ihn der Gedanke, daß hier eine Anspannung bisher ungenützter Kräfte möglich ist. Er bemüht sich bei seinen Sozialisierungsvorschlägen, die Mitbeteiligung und die Mitverantwortung des Arbeiters an der Wirtschaft in Rechnung zu stellen. Aber er ist doch Wirtschaftsaristokrat. Vielleicht weil er die Zeit der Gemeinwirtschaft nicht als gekommen sieht, vielleicht weil er weiß, daß die formale Demokratie an den menschlichen Trieben zerbricht. Vielleicht von vornherein deshalb, weil er nicht anders kann. Solange der Glaube an die allmächtige Kraft von Dekreten und Einrichtungen herrscht, wird er wahrscheinlich mit der Tat alle Theorien durchkreuzen.

Während der Sozialisierungsdebatte hat man mehrfach sein Gutachten verlangt. Er lehnt die Gemeinwirtschaft nicht ab, doch wehrt er sich gegen ihre Dekretierung. Er streitet nicht um die Theorie. Seine Überzeugung aber spricht er offen aus: „In der Form werden Sie sich unserer größeren Erfahrung anpassen müssen. Sie dürfen unter keinen Umständen die Bedeutung der einzelnen Personen unterschätzen." Er geht immer von der simpelsten Erfahrung aus: „Wenn wir irgendwo ein großes neues Unternehmen schaffen wollen, so stellen wir zwei Vorfragen. Erstens, wo ist der Mann, der es macht? Zweitens, wo sind die tüchtigen Arbeiter? Wenn man sie nicht beide findet, läßt man die Finger davon. Diese Teilung müssen wir auch in Zukunft haben. Sie müssen dem Unternehmer lassen, was des Unternehmers ist: die Führung. Und Sie müssen dafür sorgen, daß die Arbeiterschaft möglichst große Gewinne, gutes Auskommen aus dem Unternehmen hat."

Zu viel mehr als dieser Erkenntnis ist die Sozialisierungsdebatte auch heute noch nicht gekommen. Legien, der verstorbene Führer der sozialistischen Gewerkschaften, der nicht in passiver Haltung das Herannahen des Sozialismus abwarten wollte, ist mit seinem Lebenswerke der Arbeitsgemeinschaft zwischen Arbeitgebern und Arbeitnehmern auf den gleichen Punkt gelangt. Auch er hat gesehen, daß man an Kräften solcher Art nicht vorübergehen kann, und hat es einmal im Gespräche Stinnes gegenüber geäußert: „Es ist schade, daß wir uns nicht vor zwanzig Jahren kennen ge-

13

lernt haben; dann wäre manches in der Arbeiterbewegung und in der Wirtschaft anders gekommen."

Stinnes, der die Öffentlichkeit so stark bewegt, ist selber selten an die Öffentlichkeit getreten. Seine Zeitungsaufkäufe, von denen später die Rede sein wird, ließen manchen vermuten, daß er eine Trompete für seine Anschauungen suche. Ihm scheint es aber, wie die Erwerbung von Betrieben der ganzen Produktionsskala — Zellstoffabriken, Papierfabriken, Druckereien, Verlagen — bekundet, mehr um eine großzügige ökonomische Kombination zu gehen.

Einmal allerdings hat das In- und Ausland eine öffentliche Kundgebung von Stinnes vernommen, in Spa. Er las als Sachverständiger sein Kohlengutachten mit seiner hohen schwachen Stimme, die in eigenartigem Verhältnis zu seiner robusten Erscheinung steht, aus dem Manuskript ab. Als er von den „von unheilbarer Siegerkrankheit Befallenen" sprach, erhielt er vom belgischen Vorsitzenden der Konferenz eine Mahnung zur Mäßigung. Stinnes sah nur ganz kurz aus seinem Manuskript auf und erwiderte: „Ich stehe hier nicht, um der Höflichkeit zu dienen." In dieser vielbeachteten Rede sprach er seine Überzeugung aus, daß das Wiedergutmachungsproblem als europäisches Wirtschaftsproblem nur in gemeinsamer Arbeit der Sieger und Besiegten gelöst werden könne. Durch die Spa-Atmosphäre von Diplomatie, Taktik und Hyperpsychologie geisterte wie aus einem unterirdischen Schachte der unerbittliche Schlegelschlag der wirtschaftlichen Notwendigkeit.

Für die Notwendigkeiten der wirtschaftlichen Entwicklung haben die Stinnes von jeher einen klaren Blick gehabt. Durch ihre Arbeit haben sie die wirtschaftliche Entwicklung in entscheidender Weise beeinflußt. Will man Hugo Stinnes und seine Bedeutung — denn er ist eine treibende Kraft des Zeitalters — richtig einschätzen, so wird man den Unternehmungen seiner Familie und seinen eigenen früheren Unternehmungen nachgehen müssen. Viel Erklärungen haben die Stinnes niemals abgegeben, Theorien haben sie nicht entwickelt. Deshalb ist es von größerem Interesse und von höherer Bedeutung, ihre Taten zu beobachten, als ihre Äußerungen zu vernehmen.

Die Vorfahren.

In der Geschichte der Familie Stinnes spiegelt sich ein Jahrhundert der Entwickelung des rheinisch-westfälischen Industrierevieres und damit der deutschen Wirtschaftsgeschichte. Politische Zerrissenheit und wirtschaftliche Enge, Kleinbetrieb und Zünftlerei kennzeichnen den deutschen Weg vom achtzehnten ins neunzehnte Jahrhundert. Aber schon schlagen vom Westen die Wellen einer politischen und wirtschaftlichen Umwälzung ins Land, und zur gleichen Zeit versucht die Technik in abseitigen Werkstattwinkeln ihre ersten folgenschweren Schritte.

Das Rhein-Ruhrrevier war zu Anfang des 19. Jahrhunderts trotz der Kleinstaaterei bereits eine Wirtschaftseinheit. Kohle, Eisen und Wasserstraßen bildeten die Grundlage zur industriellen Entwicklung. Bergischer Stahl, Wollwaren aus den Manufakturen, Seide und Leinwand des rheinischen Hausfleißes gingen durch alle Lande. Noch heute haben die Sägen aus Remscheid, die Schlösser aus Velbert, die Nieten aus Altena und die Stahlwaren aus Solingen einen traditionellen Ruf in der ganzen Welt.

Hier im Nordwesten Deutschlands war der Boden, auf dem die wirtschaftlichen Führer wachsen konnten. Die Krupp, Thyssen, Kirdorf, Haniel, Stinnes bedeuten heute ebensoviele Riesengebilde, die auf der Basis von Kohle und Eisen emporgewachsen sind. Im Westen traten auch die Gegenspieler auf, die bedeutendsten Vertreter des modernen Sozialismus: Karl Marx wurde in Trier, an der Verbindungsstraße von Saar und Rhein, geboren, Friedrich Engels stammt aus dem betriebsamen Wuppertale, Bebels Wiege stand im Weichbilde Kölns, und Lassalle, vom Osten hergewandert, kulminierte im rheinischen Revier.

Im Jahre 1808 machte sich Mathias Stinnes, Sohn eines Schiffers und selber Ruhrschiffer, in Mülheim selbständig. Kaum 18 Jahre war er alt, frühreif, wagemutig und willensstark, ein echter Sproß des Reviers, aufgewachsen inmitten der Kohlenfelder und im Angesichte des Rheines, der ältesten Verkehrsstraße Europas. Auf dem linken Ufer des Stromes saßen damals wie heute die Franzosen, deren revolutionäre Leidenschaft Napoleon klug in Expansionspolitik umgeleitet hatte. Für die Rheinlande brachte die französische Herrschaft bedeutungsvolle Änderungen. Vorher schnürte kleinstaatliche Wirtschaftspolitik die Pulsader des Rheines an unzähligen Stellen ein, der Strom nebst seinen Uferstraßen war für die Anlieger nicht viel mehr als eine ergiebige Zollquelle. Von Bingen bis Bonn überschritt der Kaufmann achtmal die Grenze, und von Germersheim bis Rotterdam zahlte man Zoll an nicht weniger als 32 Stationen. Damals begann die Beseitigung der Zoll- und Grenzschranken. Dafür aber kam bald die Zeit der Kontinentalsperre. Jede Ausfuhr größeren Maßstabes wurde unterbunden, die Einfuhr der Rohstoffe war schwer belastet. Es nützte Mülheim an der Ruhr wenig, daß die Franzosen es 1808 zur Stadt erhoben. Erst 1815 war die Luft freier, als der Wiener Kongreß seine Zugehörigkeit zu Preußen beschloß.

So hatte es der Mülheimer Schiffer und Kohlenhändler nicht leicht, als er seine Firma gründete. Auf der Ruhr freilich beeinträchtigten ihn die Zeitumstände nicht so sehr, als er den Kohlenhandel mit seinem ersten Nachen begann. Diesen hatte er 1810 samt einem Kohlenhock für den Preis von 1240 Talern erworben. Im nächsten Jahrzehnt kaufte er weitere Kohlenplätze an der Ruhr. Bald darauf sah man seine Schiffe auf dem Rheine. Bereits 1817 eröffnete Mathias Stinnes die wichtige Schiffahrtslinie von Köln nach Holland mit dem regelmäßigen Dienst von neun eigenen Schiffen. Zur gleichen Zeit begann er, seine Betriebsmittel selber herzustellen: er baute seine Kähne in eigenen Anlagen. Von da an nahm die Firma einen überaus regen Aufschwung. Bereits 1820 besaß Mathias Stinnes auf Rhein und Ruhr 66 eigene Kohlenschiffe, die von Mülheim aus

16

rheinaufwärts bis Bonn und Coblenz, talwärts bis zu den holländischen Hafenstädten ihre regelmäßigen Fahrten unternahmen.

Das mußte von selber zu einer Erweiterung des Betätigungsfeldes führen. Die Schiffe, die von Mülheim aus die Kohlen nord- und südwärts führten, nahmen in Holland Kolonialwaren, in Wesel Salz aus dem Königlichen Regal an Bord, sie brachten aus dem Revier außer Kohle alle Arten von Eisenwaren und Textilien und luden am Oberrhein für die Talfahrt Wein, Hülsenfrüchte, Getreide, Erze. Mannheim, heute Umschlagplatz für amerikanisches Getreide, war damals Versandort für deutsches Getreide nach Amerika.

Noch lange Zeit hatte diese Schiffahrt mancherlei Hindernisse zu überwinden. Das Stapelrecht und Frachtrecht der Uferstädte, die privilegierten „Beurtfahrten" der Schiffergilden waren immer noch im Schwange. Die Rheinschiffahrtsakte, 1831 in Mainz vereinbart, war endlich ein wichtiger Schritt zur Verkehrsfreiheit auf dem Rheine. Mathias Stinnes trug nicht wenig durch energische Selbsthilfe und scharfsinnige Petitionen, in denen er ein Meister war, zu dieser Besserung bei. Ergötzlich sind die Kontroversen zwischen dem klugen und weitsichtigen Mülheimer Schiffsherrn, dem „Untertanen" Stinnes und den bureaukratischen Paragraphenfuchsern einzelner Regierungsstellen. Auch die öftere umständliche Reise nach Berlin scheute Mathias Stinnes nicht, wenn es die Erreichung des Zieles erforderte. Er war in den Ministerien vor hundert Jahren ein ebenso unheimlicher und gefürchteter Besuch wie später sein Enkel Hugo. Nach 1831 war der Rheinweg für Stinnes durch die Schiffahrtsakte frei geworden. Mittelbar erfuhr der Betrieb der Bergwerke, sowie auch das ganze Gewerbe des Reviers eine wirksame Förderung, indem der Absatz bis in das Gebiet des Oberrheines und des Maines gesichert war. Der Mülheimer Großkaufmann knüpfte enge Fäden nach Mainz, Frankfurt, Worms, Mannheim, Karlsruhe und Straßburg. Sogar den Seeweg vom Rhein nach Stettin und Hamburg scheute er mit seinen Schiffen nicht. Für Mülheim wurde Stinnes' Unternehmungsgeist besonders fruchtbar, als er zusammen mit Hugo Haniel den Ausbau und die Einrichtung der Hafenanlagen betrieb. Als Unternehmer baute Mathias Stinnes zu jener Zeit die Schiffbrücken bei Koblenz und Düsseldorf.

Doch mehr galt sein Interesse dem Stromwasser selbst. Bis in die vierziger Jahre geschah der Schiffbetrieb auf dem Rheine mit Menschen- und Pferdekraft. Nur Stromabwärts trug der Fluß die Schiffe ohne Antrieb. Selten ließ sich die Windkraft durch Segel ausnutzen. Wenn auch vor Stinnes schon hin und wieder ein Dampfboot auf dem Rheine fuhr, so war er doch der erste, der einen richtigen Schlepper auf den Rhein brachte und damit den Anfang mit der wichtigen Rheinfrachtschiffahrt machte. Er packte frisch zu und zauderte nicht lange. Es ist erwähnenswert, daß damals der Fiskus lange und eingehend das Für und Wider eines staatlichen Schleppmonopols erwog. Dieser Plan wurde solange erwogen, bis kein Mensch mehr an seine Ausführbarkeit glaubte. Inzwischen bestellte Mathias Stinnes auf der Werft Ditchborne & Marie in London sein erstes Dampfschleppschiff. Der erste Stinnesdampfer befuhr den Rhein im Jahre 1843. Bis heute ist die Stinnesflotte die größte und bedeutendste in der Rheinschiffahrt.

Bald schon erwies sich der erste Dampfer als zu schwach. Ein zweiter wurde in Holland gebaut und eröffnete als „Mathias Stinnes I" die Reihe der schlepptüchtigen Schiffe.

In jener Zeit begab sich eine Geschichte, die ein Augenzeuge vor Jahren in einer rheinischen Zeitung berichtete: Es war im Jahre 1848, und Mathias Stinnes I hatte mit seinem Anhang von Schleppkähnen die Rheinfahrten begonnen. Damals herrschte eine große Erregung unter den Bauern und Pferdetreibern des Mittelrheines, die mit ihren Pferden die bergwärtsfahrenden Schiffe gewöhnlich in Köln abholten, um sie an ihren Bestimmungsort zu bringen. Sie fühlten die Schmälerung ihrer Einnahmen infolge des Schleppdienstes der Dampfschiffe, und eines Tages wollten sie zur Selbsthilfe greifen. Man raunte sich damals heimlich zu, in diesen Tagen würde etwas ganz Besonderes auf dem Rhein bei Neuwied passieren. Die Bauern und Pferdetreiber aus dem Dorfe Weißenturm gegenüber Neuwied hatten sich verschworen und hatten am Neuwieder Werth eine Unzahl von Böllern und Katzenköpfen aufgestellt. Als der Dampfer

18

mit seinem Anhang ankam, begann ein gewaltiges Schießen, dessen Wiederhall zehnfältig von den Bergwänden zurückkam. Der ganze Rhein war mit Rauchwolken dicht bedeckt. Die Weißenturmer hofften, der verwünschte Dampfer werde bei solchem Empfange seinen Anhang abwerfen, Kehrt machen und nie wieder von Mülheim herauf zu kommen wagen. Dem Kapitän mußte aber wohl der Anschlag zu Ohren gekommen sein. Der Ruderstuhl nämlich war dicht mit eisernen Platten verbarrikadiert, und auf dem Deck des Schiffes war kein Mensch zu sehen. Der ganze Schleppzug zog unter dem ohrenbetäubenden Geknalle ruhig vorüber. Die Bauern und Pferdetreiber mußten sich in ihr Schicksal ergeben. Aber noch lange Monate fuhr das Schiff mit verbarrikadiertem Steuerstuhl, zum Schutze oder zum Andenken an derartige Komplotte. Wie ja auch heute, fast drei Jahre nach beendetem Weltkriege, noch hin und wieder ein englischer Frachtdampfer mit einem Geschütz auf Deck in die „feindlichen" Häfen einkehrt.

Mathias Stinnes I, bald am ganzen Rhein der „Alte Mattes" genannt, tat 35 Jahre Dienst, bis er bei der Hochfelder Eisenbahnbrücke unterging.

Alle Schiffe der Stinnesflotte tragen heute mit der laufenden Nummer den Namen des Begründers, und jedes Kind am Rhein kennt sie. Der Schiffstyp, die Arten und die Mengen der beförderten Güter haben sich allerdings mit der Zeit erheblich verändert. Während zu Beginn der Stinnesschen Schiffahrt die alten Holzkähne, „Rüderchen" genannt, etwa 200 Tonnen faßten, kann der heute gebräuchlichste Typ der eisernen Schleppkähne mit 1500 bis 1700 Tonnen beladen werden. Die stärksten Stinnesdampfer schleppen vier Kähne mit zusammen 6000 Tonnen, gleich der Ladung von etwa 400 Eisenbahnwaggons, und legen bergwärts etwa 5 km in der Stunde zurück. Welche Rolle die Schiffahrt für das Rhein-Ruhrgebiet spielt, kann man daran ermessen, daß der Duisburg-Ruhrorter Hafen vor dem Kriege einen Güterverkehr von weit über 20 Millionen Tonnen jährlich zählte, mehrere Millionen mehr als der Hamburger Hafen.

Drei Geschäftszweige hat der Gründer des Hauses Mathias

Stinnes besonders ausgebaut: Bergbau, Kohlenhandel und Verkehr. Als er im Jahre 1845 starb, hinterließ er eine Firma, deren vielseitige und mannigfaltige Verbindungen ein Anderer nicht so leicht in der Hand behalten konnte. Mehrere Nachfolger haben denn auch nacheinander in der Weiterführung der großen Linie versagt. Sein Sohn Mathias, im Volksmund das „Mathisken" genannt, konnte nur mit Mühe die große Firma aufrechterhalten. Zwar hatte der alte Mathias eingehende Bestimmungen für die Geschäftsführung hinterlassen, und die Einigkeit der zahlreichen Familie verhinderte zersplitternde Bestrebungen. Trotzdem mußte sich die Firma Mathias Stinnes im Jahre 1848 in eine Aktiengesellschaft verwandeln, um ihren Bestand zu sichern. Damals zählte die Flotte auf Rhein und Ruhr 60 Kohlenfahrzeuge. Die Firma hatte Magazine in Coblenz, Mainz, Mannheim, Emmerich. Sie förderte Kohlen auf vier eigenen Zechen: Ver. Victoria-Mathias, Friedrich-Ernestine, Graf Beust, Carolus Magnus. Sie war ferner mit zum Teil überwiegender Stimmenzahl an 38 Bergwerken beteiligt.

Die solide Grundlage der von Mathias Stinnes gegründeten Firma bewährte sich in den nachfolgenden Jahren. Es dauerte nicht lange, und ein bedeutender Teil der Aktien der „Mathias Stinnes'schen Handlungs-A.-G. zu Mülheim a. d. Ruhr" war wieder im Besitz der Familie. 1860 wurde die Aktiengesellschaft von den Geschwistern aufgelöst und die selbständige Firma Mathias Stinnes wiederhergestellt. Sieben Geschwister waren die Erben, vier Söhne und drei Töchter. „Das Mathisken" starb 1853, die Leitung der Firma übernahm der zweite Sohn des alten Mathias, Gustav Stinnes, der 1878 starb. Nach dessen Tode wurde Hermann Hugo Stinnes, der jüngste Sohn des alten Mathias, Chef der Firma. Er starb 1887. Dessen und seiner Frau Adeline geb. Coupienne zweiter Sohn ist Hugo Stinnes, geboren am 22. Februar 1870.

Nachdem die Firma Mathias Stinnes im Jahre 1906 die Aktiengesellschaft für Handel und Schiffahrt H. A. Disch, Mainz, erworben hatte, zählte sie beim hundertsten Jahrestage ihres Bestehens 21 Schleppdampfschiffe und 85 Schleppkähne. Die eigenen Zechen waren um die bedeutendste, die Zeche Mathias Stinnes, früher Carnap, vermehrt worden.

Für die Organisation der Ruhrkohlenwirtschaft ist die Familie Stinnes von entscheidender Bedeutung gewesen. Drei wichtige Verbände zählen die Mitglieder dieser Familie zu ihren Mitbegründern: der „Verein für bergbauliche Interessen im Oberbergamtsbezirk Dortmund", gegründet 1858, der den Hauptanteil am technischen Ausbau des Bergwerksbetriebes hat, das 1893 gegründete „Rheinisch-westfälische Kohlensyndikat", das Produktion, Preisgestaltung und Absatz der Ruhrkohle regelte, und die 1903 gegründete „Rheinische Kohlenhandels- und Reedereigesellschaft", das sogenannte „Kohlenkontor". In hundertjähriger Aufwärtsbewegung entwickelte sich so die Firma Mathias Stinnes zur Großreederei, zum Großhandelshause und zum Großzechenbetriebe.

Die ersten Unternehmungen.

Stinnes bringt die Vorbedingungen zu seiner Laufbahn mit. Deutschland kennt auch im Zeitalter der „Freien Bahn" noch keinen Industrieführer im großen Truststile, der von unten auf zum Gipfel der Macht gestiegen ist. Alle die Klöckner, Krupp, Rathenau, Siemens entwickelten ein Erbe. Die Sektoren des ·deutschen Industriekreises sind aufgeteilt. Der einzelne muß darin aufgewachsen sein, um Bedeutung zu erlangen. Von außen wird nicht so leicht jemand in diesem Boden Wurzel schlagen. Die einzige Ausnahme, Otto Wolf, bestätigt die Regel. Denn dessen bisherige Erfolge liegen heute fast ausschließlich auf dem Gebiete der Handelsunternehmung. Vielleicht veranlassen es die Riesenkonzentrationen der heutigen Wirtschaft, die zahlreiche nicht widerstandsfähige selbständige Unternehmen aufsaugen, daß in ihrem Bereiche neue Männer eher einen führenden Platz erreichen. Beim Stinneskonzern sehen wir derartige Beispiele. Mehrere führende Männer, man denke z. B. an Vögler, stammen aus den Kreisen der Arbeiterschaft.

Aber lediglich Sohn oder Enkel zu sein, genügt freilich nicht. Angesehene alte Namen sehen wir heute verschwinden. Zum Erbteil und zur Tradition muß heute der Industrieführer ein großes Maß von Kraft, Tüchtigkeit und Persönlichkeit mitbringen.

Hugo Stinnes hat die Überlieferung seiner Familie und deren· verzweigte Beziehungen. Sein Erbe ist freilich gering. Nach einer kurzen kaufmännischen Lehrzeit in Coblenz lernt er die Bergmannsarbeit über und unter Tage auf der Zeche Wiethe. Als Neunzehnjähriger besucht er die Bergakademie. Darauf tritt er als· praktischer Mitarbeiter

22

in die Firma Mathias Stinnes ein. Nur zwei Jahre lang fühlt er sich in dieser Stellung wohl. Mit 23 Jahren gründet er eine eigene Firma „Hugo Stinnes, G. m. b. H." Die Leitung des Bergwerksbetriebes der Familienzechen behält er außerdem bei. Das Stammkapital seiner Firma beträgt 50000 M.

Es ist eigenartig, wie die Eigenschaften und Neigungen des alten Mathias Stinnes bei seinem Enkel wiederkehren. Derselbe niemals ruhende Geist, derselbe Wagemut, das gleiche Talent zur Kombination und Konstruktion. Aber in unverhältnismäßig weiterem Umfange vermögen sich diese Kräfte auszuwirken. Niemals waren die Zeiten der deutschen Wirtschaft einem konstruktiven Wirtschaftsgenie so günstig wie heute.

Bis vor nicht langer Zeit kannte das deutsche Wirtschaftsleben keine Riesenunternehmer von amerikanischem Ausmaße. Wohl gingen schon seit Jahren Finanz- und Industriekapital mächtige Bündnisse ein, unter Führung bald des einen, bald des anderen, wohl erlebten einzelne große Unternehmungen infolge günstiger Konjunktur und infolge des Wagemutes ihrer Leiter — man denke an Thyssen und Kirdorf — eine überraschende Wachstumsperiode, aber es klang unglaublich, wenn wir vor dem Kriege hörten, daß die Wirtschaft der Vereinigten Staaten von fünf Männern beherrscht wurde. Carnegies, „United States Steel Corporation", Rockefellers „Standard Oil Company" sind solche Herrschaftsbereiche mit Millionenziffern.

Nur unbeschränkte Aktienwirtschaft, skrupelloses Niederboxen der Konkurrenz und ungezügeltes Spekulationstreiben verhalfen diesen Magnaten zu ihrer Milliardenherrschaft. Die Lösung von allen hergebrachten Wirtschaftsformen und die eilende Entwicklung zu absolut neuartigen Gebilden auch im deutschen Wirtschaftsleben wird durch nichts besser gekennzeichnet als dadurch, daß die Finanzierungs-, Beteiligungs- und Zusammenschlußmethoden Amerikas heute bereits bei uns eingebürgert und weiter entwickelt sind.

Zur Zeit der Trustblüte besaßen nach den Berechnungen des Londoner „Economist" die fünf Machthaber Rockefeller, Harriman, Morgan, Vanderbilt, Gould zusammen Kapitalien von über 3 Milliarden und beherrschten damit weit über

30 Milliarden, den Großteil des in Banken, Eisenbahnen und Industriegesellschaften angelegten Gesamtkapitals der Vereinigten Staaten. Damit war das Wirtschaftsleben der Union in ihre Hand gegeben.

In Deutschland setzte in den neunziger Jahren eine größere Zusammenschlußbewegung der Wirtschaft ein. Die Gewerbefreiheit des neunzehnten Jahrhunderts hatte in Industrie, Handel und auch in der Landwirtschaft Machtzusammenballungen gefördert, die einerseits starke Gegenwirkungen der von dieser Macht Beherrschten, andererseits zu Konkurrenzkämpfen der Mächtigen auf Leben und Tod führten. Aber es genügte ein kleiner Turnus von Wirtschaftskrisen, um auch den anscheinend sicher fundierten Unternehmer den schwankenden Grund seiner Unternehmung erkennen zu lassen. So kam es zwischen den Interessengruppen der Wirtschaft zu Vereinbarungen. Zunächst stand die Vertretung gemeinsamer Interessen im Vordergrunde. Die Koalitionen von Arbeitgebern und Arbeitnehmern bildeten sich in allen Wirtschaftszweigen zum Kampf um günstige Lohn- und Arbeitsbedingungen. Diesen Abwehrorganisationen von Schicht gegen Schicht folgten Zusammenschlüsse innerhalb der Schichten und Gruppen in der Form von Syndikaten und Kartellen. Hier vereinbarte man gewisse Beschränkungen der Unternehmerselbständigkeit, um auf diese Weise Absatzstockungen, Preisschwankungen und Krisenwirkungen vorzubeugen. Gleichzeitig kristallisierten sich die Genossenschaften zur Verbilligung der Produktion und des Konsums.

Diese Zusammenschlüsse führten vielfach zur Entkräftung der Außenstehenden, und es begannen die Fusionen, namentlich innerhalb der Industrie. Nun war es nicht mehr weit zu Konzentrationen großen Stiles, indem z. B. auf Grund billiger Rohstoffbasis ein syndiziertes Unternehmen rentabler arbeitete als andere, die isoliert standen, und eines nach dem anderen aufsaugte.

Das Aktienwesen begünstigte diese Entwicklung und machte sie in vielen Fällen erst möglich. Die smarten Amerikaner, die durch keine ausgebildete Geschäftssitte gezügelt waren, fanden in der amerikanischen Gesetzgebung Maschen genug, durch die sie auch als noch so dicke Spekulations-

24

hechte ein- und ausschlüpfen konnten. Die Formen der Beteiligung und Interessengemeinschaft haben sie auf die mannigfaltigste und für die Allgemeinheit oft unerquicklichste Weise gesteigert. Verschiedene Formen haben sich zu allgemein gebräuchlichen entwickelt und sind auch von der deutschen Aktienwirtschaft aufgenommen worden. Man verhehlt sich heute nicht, daß die Betriebs- und Interessenverbindungen sehr leicht zu Verschleierungen über die tatsächlichen Grundlagen und Kräfte der Unternehmungen führen können und vielfach auch tatsächlich führen. Außerdem ergeben sie eine Verknüpfung der Unternehmungen, die so vielgestaltig ist, daß kein Mensch sie mehr übersehen kann. Vielfach sind die Unternehmungen mit den zahlreichen Gliedern einer Kette zu vergleichen, von denen jedes mit dem vorangehenden und nachfolgenden verbunden ist und die alle sich dem richtunggebenden Zuge derjenigen Persönlichkeit hingeben müssen, die das erste Glied dieser Kette in der Hand hält. Das heute übliche System der Vorzugsaktie mit mehrfachem Stimmrecht verstärkt noch diese Einflußmöglichkeiten. Hierbei haben bei verhältnismäßig geringer Kapitalbeteiligung die Inhaber den maßgebenden Einfluß bei allen wichtigen Beschlüssen der Gesellschaft. Auf diese Weise läßt sich unter Umständen von einer kleinen Gruppe ohne viel Kapitalaufwand bequem die Herrschaft ausüben. Zwar sind diese Methoden bei der heute bestehenden Gefahr der Überfremdung durch das valutastarke Ausland nicht ganz zu entbehren. Aber andererseits ist es nicht unmöglich, daß kleine Gruppen immer weitere Gebiete des Wirtschaftslebens in ihren Bannkreis ziehen.

Wer Einfluß hat und eine Idee durchsetzen will, kann dies heute auf wirtschaftlichem Gebiete in viel umfangreicherem Maße als jemals zuvor. Wer die Macht hat und sie mißbrauchen will, kann dies ebenso tun. Deutschland wird wahrscheinlich, will es nicht den merkwürdigsten Zufällen und Überraschungen ausgesetzt sein, die Notwendigkeit einer Durchleuchtung und Kontrolle dieser vielverschlungenen Fäden bald einsehen müssen.

*   *
*

Die Zusammenschlußbewegung in der deutschen Wirtschaft sehen wir heute in vollem Fluße. Eine der Haupttriebkräfte inmitten dieser Entwickelungsprozesse ist Hugo Stinnes.

Bergbau, Kohlenhandel, Schiffahrt, die drei Pfeiler des alten Mathias Stinnes, sind auch die des jungen Stinnes. Bald betreibt er eigene Zechen und Aufbereitungsanstalten. Er erwirbt Schiffe für den Binnenwasser- und Seeverkehr. Er wird Kohlenhändler mit internationalem Absatzgebiet. Auf dem Kontinent und in Übersee hat er seine Niederlassungen. Seinen Schiffen begegnet man auf Flüssen und Kanälen, in der Nord- und Ostsee, im Mittelländischen und im Schwarzen Meer.

Mit der Organisation und der Verknüpfung seiner Unternehmungen beinflußt Hugo Stinnes schon in jungen Jahren die Konstruktion des gesamten deutschen Wirtschaftsgebäudes. Er steht als einer der führenden Männer in der Konzentrationsbewegung der Montanindustrie. Das rheinisch-westfälische Kohlengebiet, vor hundert Jahren eine Stätte patriarchalischer Kleingrubenbetriebe, war im Laufe des neunzehnten Jahrhunderts der Schauplatz von zum Teil wüsten kapitalistischen Großbetrieben geworden. Eingewanderte Arbeitermassen und zugewanderte Unternehmer verstärkten die Wirtschaftskräfte nach der Vereinigung des Ruhrgebietes mit Preußen. Rücksichtslose Ausnützung und blindes Draufloswirtschaften kennzeichnete viele Unternehmer, denen man den Spruch: „Mein erst Gefühl sei Preuß'sch Courant" nicht zu Unrecht als Losung nachsagte. Planlose Förderung, ungezügelter Wettbewerb vereinigten sich mit den Wirkungen der Krisen und brachten unsichere Zeiten für die Bergwerksunternehmungen. Förderkonventionen, Preiskonventionen und Absatzvereinigungen traten als Abwehr seit den siebziger Jahren vielfach in Erscheinung.

Wir sahen schon früher die Familie Stinnes im Vordergrunde derartiger Bestrebungen. So ist es nicht verwunderlich, daß der junge Hugo Stinnes mit dieser Entwicklung vertraut war. Im Rheinisch-westfälischen Kohlensyndikat spielte er bald eine führende Rolle. Das Syndikat umfaßt nahezu die gesamte Ruhrkohlenproduktion und regelt Produktion, Preisgestaltung und Absatz. In gleicher Weise bedeutet Hugo Stinnes einen Machtfaktor im „Kohlenkontor" — bezeichnend für den sachlichen Geist des Reviers sind derartige simple Namen — das seit 1903 besteht, und das den Absatz der Ruhrkohle in großartiger Weise organisierte. Außer dem Syndikat sind einzeln u. a. die Firmen Mathias Stinnes und Hugo Stinnes mit erheblichen Einlagen am Kohlenkontor beteiligt.

An die Kohlenproduktion schloß Hugo Stinnes frühzeitig die Eisen- und Stahlproduktion an. Seine Hauptdomäne wird die „Deutsch-Luxemburgische Bergwerks- und Hütten-A.-G."

Deutsch-Luxemburg ist mit unheimlicher Schnelligkeit gewachsen. Ende der neunziger Jahre entstand aus der Differdinger Hochofen A.-G. in Luxemburg und der Zeche Dannenbaum in Bochum durch Fusion die Aktiengesellschaft für Eisen- und Kohlenindustrie Differdingen-Dannenbaum. Das Unternehmen hielt sich aber nicht. Unter erheblichen Verlusten der Aktionäre und Gläubiger trat es bald in Liquidation. Die Deutsch-Luxemburgische Bergwerks- und Hütten-A.-G. wurde 1901 mit einem Kapital von 1 Million Mark mit dem Sitz in Bochum errichtet. Sie übernahm die Differdinger-Dannenbaum-A.-G. Noch im gleichen Jahre wurde das Aktienkapital auf rund 25 Millionen Mark erhöht. 1910 beträgt das Aktienkapital 60 Millionen Mark. Deutsch-Luxemburg beteiligt sich an der Saar- und Mosel-Bergwerksgesellschaft und sichert sich dadurch unter erheblicher Frachtersparnis die Kohle für das Differdinger Werk.

Kurz darauf gliedert sich der Gesellschaft die technisch hochentwickelte Union, Aktiengesellschaft für Bergbau, Eisen- und Stahlindustrie in Dortmund an und erhöht zur Durchführung der Fusion ihr Aktienkapital auf 100 Millionen Mark. Damit schuf sich Deutsch-Luxemburg zum Differdinger Hüttenwerk, das hauptsächlich für den Export nach Frankfurt, Belgien und Übersee arbeitete, ein Gegenstück im Herzen des rheinisch-westfälischen Industriegebietes. Als Kohlenbasis für das Dortmunder Werk wurden mehrere Zechen angeschlossen. Zur Ausnützung der Saarkohlen wurde die Eisenproduktion erweitert durch Anschluß der Hochofen- und Stahlwerke Rümelingen und St. Ingbert.

Insgesamt umfaßt die Deutsch-Luxemburgische Bergwerks- und Hütten-A.G. Betriebsanlagen in Bochum, Dortmund, Mülheim a. d. Ruhr, Emden und bis zur Liquidation infolge des Friedensvertrages Differdingen (Luxemburg). Die Bergwerksanlagen liegen in erster Linie im Ruhrbezirk. Hier gehören der Gesellschaft: das Steinkohlen- und Eisenstein-bergwerk Dannenbaum, das Steinkohlenbergwerk Prinz-Regent, das Steinkohlenbergwerk Friedlicher Nachbar, die Werke Hasenwinkel, die Zechen Bruchstraße bei Langen-dreer, Wiendahlsbank bei Annen, Adolf von Hansemann in Mengede, die Zeche Glückauf Tiefbau, die Zeche Karl Friederich's Erbstolln in Stiepel, die Zeche Kaiser Friedrich bei Barop, die Zeche Luise Tiefbau und die Zeche Tremonia bei Dortmund.

Außerdem ist die Gesellschaft an der Rheinisch-Westfä-lischen Bergwerks-Gesellschaft in Mülheim (Ruhr) beteiligt. Die Gesamtförderung der Kohlenzechen beträgt über 5 Millionen Tonnen jährlich. Die Koksproduktion über 1,3 Millionen Tonner jährlich. An Nebenprodukten liefern die Zechenkokereien erhebliche Mengen von Ammoniak, Teer, Benzol und anderen Erzeugnissen.

Das technisch hervorragend ausgestattete Betriebsunter-nehmen in Dortmund umfaßt sechs Hochöfen, ein Stahlwerk, ferner Walzwerke, Preß- und Hammerwerke und Gießereien. Zur Weiterverarbeitung zum Fertigfabrikat ist es durch eigene Betriebsanlagen geeignet. Insbesondere werden in Dortmund alle Materialien bis zum fertigen Waggon für den Eisenbahnbau hergestellt. Die elektrischen Anlagen stehen auf der höchsten Stufe der modernen Montantechnik. Zum Dortmunder Werk gehören die Horster Eisen- und Stahlwerke mit einer eigenen Hochofenanlage, einer Schrauben-fabrik, einer Waggonfederfabrik und einer Reihe von Neben-betrieben. Der Erzbedarf für die Dortmunder Union wird in erster Linie aus eigenen Eisensteingruben an der Ruhr, im Siegerland, an der Weser, in Nassau und im Harz ge-deckt.

In Mülheim a. d. Ruhr gehört seit dem Jahre 1905 der

28

Bergwerksverein Friedrich-Wilhelms-Hütte zur Deutsch-Luxemburgischen Gesellschaft. Dieses Werk besitzt eine große Anzahl eigener Grubenfelder und hatte bis zum Kriege eigenen Anteil an der Lothringischen Minette. Die Mülheimer Hütte umfaßt fünf Hochöfen, mit einer Erzeugungsfähigkeit von jährlich rund 220000 Tonnen. Ausgedehnte Gießereianlagen dienen zur Herstellung von Maschinenteilen, Formstücken und Röhren. Für die Fortverarbeitung der Stahlerzeugnisse betreibt das Werk eine große Anzahl von Betrieben mit den leistungsfähigsten Spezialmaschinen. Hauptsächlich werden hier Maschinen für den Bergwerks- und Hüttenbetrieb hergestellt, so daß die Deutsch-Luxemburgische Gesellschaft in der Lage ist, ihren Bedarf an technischen Betriebsmitteln aus der eigenen Produktion zu decken.

Seit 1911 hat Deutsch-Luxemburg sich die Nordseewerke in Emden angegliedert. Die dortigen Werke werden mit neuzeitlichen Helling-Anlagen ausgebaut. Die Nordseewerke Emden sind beteiligt an der Kohlenförderung, am Kohlenhandel sowie am Verkauf von Benzol, Ammoniak, Teer durch eine Reihe von Gesellschaften.

Die in Emden gelegene und zu Deutsch-Luxemburg gehörige Hohenzollern-Hütte besitzt eigene Erzfelder in Oberfranken und Oberpfalz.

Für den See- und Flußverkehr ist auf dem Weg über die Nordseewerke Emden die Deutsch-Luxemburgische Gesellschaft an der Deutschen Seeverkehrsgesellschaft „Midgard" in Bremen, an der Rhein- und Seeschiffahrtsgesellschaft in Köln und der Mannheimer Dampf-Schleppschiffahrts-Gesellschaft beteiligt.

Vor der Liquidation, die infolge des Friedensvertrages eingetreten ist, gehörten umfangreiche Werkanlagen in Differdingen und Lothringen zur Deutsch-Luxemburgischen Gesellschaft. In unmittelbarer Nähe der Erzgruben besaß das Differdinger Werk zehn Hochöfen sowie zahlreiche andere Betriebe, in denen hauptsächlich Eisenträger hergestellt wurden. Seit 1911 waren diese Werke durch einen Interessengemeinschaftsvertrag mit den Bergwerks- und Hüttenanlagen von Rümelingen und St. Ingbert verbunden.

29

Hugo Stinnes baute den Betrieb und die Verwaltung dieses Riesenunternehmens mit großem Erfolge aus. Durch Frachtersparnis und Betriebsvervollkommnung machte er es möglich, die Produktion bis zum hochentwickelten Fertigfabrikat zu konzentrieren und gleichzeitig außerordentlich rentabel zu gestalten. Dadurch wurde Deutsch-Luxemburg mit seinen mehr als 40000 Arbeitern zu einem der führenden Montanunternehmen, von größter Bedeutung für das Inland wie auch für den Export.

*　　　*
*

Ein zweites Riesenunternehmen wächst während der Entwicklung von Deutsch-Luxemburg unter der Führung von Hugo Stinnes heran: die Rheinisch-Westfälische Elektrizitätswerk-A.-G. Im Jahre 1898 gegründet, übernimmt sie zunächst den Betrieb eines Elektrizitätswerks in Essen-Ruhr. Das Ziel ist aber von vornherein außerordentlich weit gesteckt. Durch diese Gesellschaft soll der gesamte rheinisch-westfälische Industriebezirk mit elektrischer Energie versorgt werden. Die Essener Kraftanlage wird im unmittelbaren Anschluß an die alte Stinneszeche Victoria-Mathias errichtet. Im östlichen Teil des Ruhrkohlenbezirkes wird eine zweite moderne Zentrale auf der Kohlenzeche Wiendahlsbank, die der Deutsch-Luxemburgischen Gesellschaft gehört, aufgebaut. Im Jahre 1908 war der Aktionsradius der Gesellschaft bereits so groß geworden, daß das östliche Werk gemeinsam mit der Westfälischen Verbands-Elektrizitätswerk-A.-G. zu einer gemeinsamen Zentralverwaltung verbunden wurde.

Das Versorgungsgebiet des Rheinisch-Westfälischen Elektrizitätswerkes erstreckt sich von der holländischen Grenze im Norden bis zum Ahrtal im Süden und umfaßt die städtereichen Regierungsbezirke Düsseldorf und Köln fast vollständig.

Die Gesellschaft baute ferner die Gas- und Wasserversorgung aus und hat seit 1912 die Gasfernversorgung von 25 Städten und Gemeinden des bergischen Landes aufgenommen. Die Unternehmung dieser Elektrizitätswirtschaft ist außerordentlich interessant organisiert. Das Rheinisch-

30

Westfälische Elektrizitätswerk ist gemeinsames Eigentum von Privaten und Gemeinden. Die Städte Essen, Mülheim a. d. Ruhr, Ruhrort, Solingen, Gelsenkirchen und zahlreiche andere Gemeinden, sind mit Aktienbesitz an der Gesellschaft beteiligt.

In konsequenter Entwickelung hat die Rheinisch-Westfälische Elektrizitätswerk-A.-G. eine umfangreiche Erschließung und Verbindung des Rhein-Ruhrgebietes mit Straßenbahnen und Kleinbahnen unternommen.

So verwächst Hugo Stinnes untrennbar mit dem rheinischwestfälischen Industrierevier. Als Aufsichtsratsmitglied steht er allen bedeutenden Unternehmungen im Industriegebiet nahe.

Außerdem richtet er seine besondere Aufmerksamkeit auf die deutsche Wasserkante. Die enge Verbindung des Industriereviers mit der Seeschiffahrt ahnte er bereits, als er in Harburg a. d. Elbe eine kleine Niederlassung gründete. Es folgt darauf die Errichtung der Firma „Hugo Stinnes G. m. b. H." zur Aufnahme der Großreederei. Bald fährt diese Firma mit 13 eigenen Dampfern und befördert Kohlen, Erze, Holz und Getreide nach den europäischen und benachbarten Küsten.

Stinnes im Weltkrieg.

Über die Betätigung von Hugo Stinnes während der Zeit des Weltkrieges sind viele einander widersprechende Ausführungen gemacht worden. Hinter die Kulissen der Kriegswirtschaft wird man nicht so bald und vielleicht niemals ein klares Licht bringen können. Daß der Krieg für viele Unternehmer und namentlich für die Schwerindustrie gleichbedeutend mit einer wirtschaftlichen Hochkonjunktur war, ist bekannt. Wie kann man auch in einem Staate, der in normalen Zeiten wenig Sinn für Gemeinwirtschaft gehabt hat, für die Kriegszeiten etwas anderes erwarten, als daß dieselben Interessengegensätze der Individualwirtschaft bestehen bleiben und sich noch verschärfen. Dazu kommt, daß man wohl einen genauen Plan für die allgemeine Wehrpflicht, nicht aber einen noch so primitiven für die allgemeine Wirtschaftspflicht in Kriegszeiten vorbereitet hatte.

Von einem so rastlosen Unternehmer wie Hugo Stinnes wird man schwerlich fordern können, daß er in der Zeit der Kräfteanspannung müßig bleibt. Und Tätigkeit war für ihn notwendig verbunden mit Ausnutzung aller Konjunkturmöglichkeiten, wobei er sich sicherlich nicht viele Gedanken über deren traurigen Urheber gemacht hat.

Die Liquidation im besetzten Belgien bildet ein besonderes Kapitel. Der Wirtschaftskrieg der Entente, die Blockade und die Beeinflussung der Neutralen riefen bei den Mittelmächten Gegenmaßnahmen hervor. Daß diese im umgekehrten Falle wesentlich anders ausgefallen wären, ist nicht anzunehmen. Die Liquidation in Belgien wurde den deutschen Unternehmern übertragen. Damals bildeten sich im Ruhrgebiet drei Gesellschaften, die „Industriegesellschaft 1916

32

m. b. H.", die „Verkehrsgesellschaft 1916 m. b. H.", und die „Bodengesellschaft 1916 m. b. H.". Unter anderen waren an diesen Gesellschaften beteiligt: die Friedrich Krupp-A.-G., die Phönix-A.-G., die Gutehoffnungshütte-A.-G., und die Deutsch-Luxemburgische Bergwerks-A.-G., mit der letzteren Hugo Stinnes. Diese drei Gesellschaften von 1916 gewannen einen großen Einfluß auf die Durchführung der in Belgien geplanten Maßnahmen. Besonders waren sie beim Ankauf und dem Betrieb belgischer Objekte begünstigt. Sie sicherten sich ferner ein Vorkaufsrecht für Kohlen- und Erzgruben und Fabriken und betrieben die belgischen Gas-, Wasser- und Elektrizitätswerke. Die weiteren Pläne dieser Gesellschaften durchkreuzte der Ausgang des Krieges.

Hugo Stinnes erweiterte seinen Einfluß auf die deutsche Wirtschaft während des Krieges nachhaltig. Besondere Aufmerksamkeit widmete er dem Ausbau seiner Transport- und Handelsmöglichkeiten. Die Hamburger Großreederei ging mit der Schwerindustrie ein Bündnis ein. Damals erklärte Albert Ballin: „Die Hamburg-Amerika-Linie folgt dem Wunsche, ihre Interessen in Zukunft noch mehr und entschiedener als bisher in den kapitalistischen Kreisen unserer Großindustrie und Großbanken zu verankern."

Stinnes kaufte Anteile von Überseelinien und Handelsfirmen. Im Jahre 1918 beteiligte er sich an der Woermann-Linie und an der Deutschen Ostafrika-Linie. Er knüpfte enge Beziehungen zur Hamburg-Amerika-Linie und zum Norddeutschen Lloyd an. Vorher schon hatte der Stinnes-Konzern mehrere Einfuhrfirmen übernommen, u. a. die Hamburger Kohlenfirma H. W. Heidmann mit ihren Anlagen und Dampfern. Im Herbst 1917 gründete Stinnes die „Aktiengesellschaft Hugo Stinnes für Seeschiffahrt und Überseehandel". Hier ist heute besonders der Sohn von Hugo Stinnes mit großem Eifer und Geschick tätig.

Seit Mitte 1918 ist Stinnes ferner an der Deutsch-Amerikanischen Petroleum-Gesellschaft in Hamburg beteiligt. Stinnes kaufte das Hamburger Rathaushotel und das Hotel Hamburger Hof am Jungfernstieg. Nachdem dieses große Gebäude in ein Kontorhaus umgebaut worden war, wurden dort die verschiedenen Verwaltungen vereinigt.

Handelsfirmen in Königsberg und Bremerhaven wurden ferner dem Konzern angegliedert. In Flensburg erwirbt er die Ostseereederei. Elf Dampfer werden bei verschiedenen deutschen Werften in Auftrag gegeben. Nach dem Kriege soll der ganze Überseeverkehr mit eigenen Schiffen bestritten werden.

Zur Sicherung des Bergbaues erwirbt Stinnes gleichzeitig große Liegenschaften in Ostdeutschland mit umfangreichen Waldbeständen. Damit ist der Bezug von Grubenholz gesichert. Gegen Ende des Krieges setzt sich der Stinneskonzern auch in der rheinischen Braunkohlenindustrie fest.

Ein gewaltiger Wirtschaftskomplex, mit konsequenter Überlegung ausgebaut und geleitet, ist innerhalb der Stinnesschen Machtsphäre vereinigt, als die Revolution ausbricht.

Montan-Konzern.

Rheinelbe-Union.

Die Revolution jagte durch Deutschland. Der komplizierte Bau des deutschen Wirtschaftslebens schwankte bedenklich. Ein Ballin sieht sein Lebenswerk begraben und tritt von der Bühne ab. Hugo Stinnes behält ruhige Nerven. Der Friedensvertrag wird unterzeichnet. Wichtige Glieder deutscher Unternehmungen werden vom Rumpfe getrennt. Die Deutsch-Luxemburgische Bergwerks- und Hütten-A.-G. verliert ihre ganzen Südwestwerke, damit Roheisen und Kohlen. Im Südwestrevier wurde im letzten Jahre vor dem Kriege für Deutsch-Luxemburg die gewaltige Menge von 750000 t Roheisen erzeugt und 1000000 t Kohlen gefördert, rund 60% der Gesamtproduktion der Gesellschaft. Die in Lothringen liegenden Werke werden von der französischen Regierung liquidiert. Das Differdinger Werk, das in Luxemburg liegt, sucht die Gesellschaft sich zu erhalten, doch die Erzgruben, die den Betrieb des Differdinger Werkes ermöglichen, liegen bereits im Lothringischen. So muß auch dieses Werk preisgegeben werden. Die Interessengemeinschaft mit Rümelingen-St. Ingbert wird ebenfalls unhaltbar.

Damit ist der gesamte Komplex im Südwesten für Deutsch-Luxemburg verloren. Eine französische Gruppe tritt in Luxemburg und Lothringen an die Stelle des Stinnes-Konzerns. Die Ablösung trifft den Lebensnerv der Gesellschaft. Allerdings stehen ihr erhebliche Barmittel aus der Kaufsumme zur Verfügung. Auch ein wichtiger Aktivposten für den Betrieb kann gebucht werden: für den verbleibenden Teil von Deutsch-Luxemburg wird ein erheblicher Prozentsatz des Erzbedarfes vertragsmäßig auf 30 Jahre gesichert.

Infolge des Verlustes von St. Ingbert muß Deutsch-Luxemburg darauf bedacht sein, neue Anlagen zu erwerben, um für die zugehörigen Verfeinerungsbetriebe die notwendigen Zwischenfabrikate liefern zu können. Da die Anlage von Neubauten nicht möglich ist, so erwirbt Deutsch-Luxemburg eine ganze Reihe von Werken dieser Art. Im Wege der Interessengemeinschaft gliedert sich der Konzern das Stahlwerk Brüninghaus-A.-G. in Werdohl i. W. an, ferner die Aktiengesellschaft Friedrich Thomée, ebenfalls in Werdohl, sowie die Firma Karl Berg A.-G. in Eveking. Diese Werke sind eingerichtet für Stab- und Profilstahl sowie Stahlguß, Federn und Waggonbeschlagteile. Ferner kauft Deutsch-Luxemburg die Meggener Walzwerke, die Kettenfabrik Karl Schliepers in Grüne, die Nietenfabrik Gebr. Knipping in Altena.

Dieser Sicherungsausbau genügt aber Stinnes nicht. Er entwirft ein Projekt, das den beispiellosen Aufschwung von Deutsch-Luxemburg trotz aller Zeitumstände fortzuführen imstande ist. Sein Blick richtet sich auf ein anderes riesiges Montan-Unternehmen, das ebenfalls durch den Friedensvertrag verstümmelt und eingeschnürt worden ist: die Gelsenkirchener Bergwerks-A.-G.

Die Gelsenkirchener Bergwerks-A.-G. ist das Werk der Brüder Emil und Adolph Kirdorf. Gegründet im Jahre 1873 als Zechenbetrieb mit einer Belegschaft von 1000 Mann beschränkte sich dieses Werk lange Zeit auf die Kohlengewinnung. Durch bedeutende Fusionen errang sich das Unternehmen eine überragende Stellung im Revier. Im letzten Friedensjahre beschäftigte es 55000 Arbeiter und war mit 10000000 t Kohlen am Kohlensyndikat beteiligt, also mit 11%. Während Gelsenkirchen anfangs eine Ausdehnung in horizontaler Richtung vornahm, suchte es seit 1905 eine Erweiterung in vertikaler Linie, also Anschluß der kohlenverbrauchenden Werke an die kohlenerzeugenden Werke, vor allem durch die Fusionen mit der Gesellschaft Aachener Hüttenverein und dem Schalker-Gruben- und Hüttenverein. So umfaßte es bald außer Zechen und Erzgruben noch Hochöfen, Stahlwerke, Drahtfabriken und ähnliche Werke. Großen Wert legte Gelsenkirchen auf die Erweiterung seiner Erzbasis. Die Verzinsung des Riesenbetriebskapitals war zu manchen Zeiten ein schwieriges Problem. Deshalb waren die Kirdorfs genötigt, besonders auf die Verringerung der

36

Produktionskosten zu achten. In vorbildlicher Weise haben sie sich für die technische Vervollkommnung eingesetzt. Die Tätigkeit des Werkes ist daher besonders gekennzeichnet durch seine riesigen Bauausführungen und Modernisierungen. So wurden z. B. in einem Vorkriegsjahr die Kosten des inneren Aufbaues auf 60 000 000 (Gold-)Mark beziffert.

Der Kriegsausgang war für den Betrieb Gelsenkirchens katastrophal. Es mußte seine Expansion nach dem Minette-Revier jetzt furchtbar büßen. Vom riesigen gemischten Unternehmen wurde es auf den fast ausschließlichen Zechenbetrieb zurückgeworfen. Deshalb sah Stinnes keine abweisende Haltung bei Gelsenkirchen, als er eine Annäherung versuchte. Für die beiden Unternehmungen war es eine bittere Notwendigkeit, zusammenzukommen. Was es für einen Mann wie Emil Kirdorf bedeutet, sein Lebenswerk an ein anderes anzugliedern, kann man ermessen, wenn man den ungeheuren Selbständigkeitsdrang gerade dieses Industriekapitäns kennt. Im Juli 1920 wird der Zusammenschluß zur Tatsache. Die Spitzenorganisation der beiden Gesellschaften wird als Rheinelbe-Union G. m. b. H. gegründet (Rheinelbe ist der Name einer Zechenanlage von Gelsenkirchen, Union der des Dortmunder Werkes von Deutsch-Luxemburg.) Die führenden Köpfe dieser Konzentration sind, neben Stinnes, Generaldirektor Vögler von Deutsch-Luxemburg und Emil Kirdorf.

Auf die Dauer von 80 Jahren gehen die beiden verstümmelten Riesen eine enge Interessengemeinschaft ein. Sie ergänzen sich dadurch gegenseitig und sichern sich ihre Entwicklung. Auf breitester Grundlage und mit den günstigsten Aussichten bilden sie einen Montan-Konzern, dessen Zusammenhalt bis zum Jahre 2000 vereinbart worden ist.

Elektro-Montan-Konzern.

Siemens-Rheinelbe-Schuckert-Union.

Es kann keine Rede davon sein, daß die riesigen Fusions-
und Expansionsbestrebungen der deutschen Wirtschaft vorwiegend dem persönlichen Ehrgeiz oder Machthunger entspringen. Die treibenden Kräfte sind ökonomischer Natur.
Deutschland hatte vor dem Kriege einen jährlichen Bevölke-
rungszuwachs, der mehr ausmachte als die gesamte Ein-
wohnerzahl einer Großstadt wie Köln oder Leipzig. Ertrag-
bringendes Land wuchs nicht hinzu. Die Auswanderungs-
ziffer war gering. Deshalb war eine von Jahr zu Jahr
gesteigerte Produktionsarbeit notwendig, um die auskömm-
liche Versorgung zu erhalten. Rentner und Nichtstuer
machten kaum in einem anderen Lande einen so geringen
Bruchteil der Bevölkerung aus wie in Deutschland. Die
Gütererzeugung aus eigenen Rohstoffen konnte den Lebens-
bedarf nicht decken. Es mußte notgedrungen die Arbeit
für das Ausland hinzukommen, teils als Gewinnung und
Export von Rohstoffen für fremde Produktion, teils als Verarbeitung eigener und importierter Rohstoffe für den Aus-
landskonsum. Um hochwertige Produktion für den Export
zu schaffen, mußte man mehr und mehr dazu übergehen,
den Rohstoff zu schützen, d. h. ihn im eigenen Lande zum
Halb- oder Fertigfabrikat zu verarbeiten. Hierzu war es
notwendig, die Fabrikation bis zur feinsten und vielfältigsten
Fein- und Qualitätsarbeit im eigenen Lande vorzunehmen.
Ehe die Produkte über die Grenze gingen, mußte ein möglichst hoher Gewinn- und Lohnanteil auf diese Weise an
den Rohstoff gebunden werden.

Die Vorbedingung hierzu war der An- und Ausbau der
weiterverarbeitenden Industrie und die sorgfältigste Pflege

der Technik. Deutschland ging dementsprechend immer mehr dazu über, außer der nicht zu vermeidenden Ausfuhr der Urstoffe, möglichst viele feinste Fertigfabrikate, Spezial-·maschinen, Chemikalien, Werkzeuge, Gebrauchsgegenstände, Farbstoffe, Arzneien und dergleichen in das Ausland zu bringen. Um aber auf dem Weltmarkt konkurrenzfähig zu bleiben, mußte die Produktivität und Rentabilität der Betriebe auf das höchste Maß gesteigert werden.

Fusionen, Interessengemeinschaften, Trusts waren die Ergebnisse dieser Entwicklung. Betriebe gleicher Art arbeiten sparsamer und ergiebiger, wenn sie nach einem gemeinsamen Plane und mit vereinter Zielsetzung produzieren. Zusammenfassung der Betriebe und Verlegung auf den natürlichen Rohstoffboden fördern die Ergiebigkeit, sparen die Transportkosten, kommen den spezialisierten Bedürfnissen der Qualitätsindustrie entgegen. Die Reibung und Kreuzung von Interessen gleicher Art durfte sich die deutsche Wirtschaft nicht in hohem Maße erlauben.

Der spekulierende Amerikanismus bei derartigen Konzentrationen ist zwar auch in Deutschland nicht ausgeblieben, aber er ist Begleiterscheinung.

Krieg und Revolution haben die wirtschaftliche Lage des deutschen Volkes verschlechtert. Menschen, Land, Produktionsmittel sind in erheblichem Umfange verloren gegangen oder unergiebiger geworden. Einschnürungen der Aus- und Einfuhr sind hinzugekommen, und überdies lasten auf der deutschen Wirtschaft die drückenden Hypotheken des Friedensvertrages, die verzinst und getilgt werden müssen. Die Notwendigkeit der eigenen Versorgung aber ist geblieben. Milliarden an Papiergeld heben die Produktion nicht um einen Bruchteil, auch nicht bloße Theorien und Debatten. Will Deutschland leben, so muß es produzieren, und zwar mehr, besser und billiger als früher.

In der Industrie wird dieser Zwang die Konzentrationen noch mehr begünstigen. Es ist erstaunlich, mit welcher Elastizität die notwendigen Umbauten und Kombinationen vollzogen werden. Zum Teil geschieht dieses auf technisch-wirtschaftlichem Wege. Der Mangel an Steinkohle z. B. führte zu einer vorher nicht geahnten Anpassung der Industrie an die

Braunkohle. Dem Erdöl traut man heute die größte Verwendungsfähigkeit zu. Chemische Produktionswege werden täglich neu erfunden. Die Auffindung und Ausnutzung neuer Verfahren versprechen unerwartete Erfolge. Diese kostspieligen Versuche werden in erster Linie im Arbeitsfeld einer reich fundierten Konzentrationsunternehmung vorgenommen. .

Eine andere Möglichkeit, um das Ziel der größeren, besseren und billigeren Produktion zu erreichen, ist die Zusammenfassung zu einheitlich geleiteten Betrieben, also der organisatorisch-wirtschaftliche Weg. Hier schwirrt die Luft heute von Plänen und Reden. Aber Planwirtschaft, Sozialisierung, Rätewirtschaft malen sich in jedem Kopfe anders. Unterdessen schreitet der Entwicklungsprozeß voran. Es gibt in der Industrie nicht mehr viele isolierte Unternehmungen. In einigen Zweigen kaum noch isolierte Produktionsstufen. Die deutsche Volkswirtschaft wird allmählich zum vielzelligen, aber einheitlichen Wirtschaftskörper, die Betriebslehre wird zur exakten Betriebswissenschaft, der Produktionsprozeß wird zum organischen Kreislauf, unter einem einheitlich planenden Willen.

Diese Entwicklung vollzieht sich am fühlbarsten innerhalb der großen Konzentrationen. Man hat Schlagworte dafür geprägt: Horizontaler Aufbau, Vertikaler Aufbau. Horizontaler Aufbau bedeutet die Zusammenlegung und Zusammenfassung von Betrieben einer Produktionsstufe. Vertikaler Aufbau heißt die Zusammenlegung und Zusammenfassung von Betrieben einer Produktionsskala. Die horizontale Gliederung erstrebt eine möglichst breite Grundlage für eine Vielheit von gleich oder ähnlich gearteten Produktionen, z. B. die Zusammenfassung von Kohlenzechen oder von Maschinenfabriken, um innerhalb der einheitlich geleiteten Gesamtproduktion der betreffenden Stufe möglichst rationell und spezialisiert wirtschaften zu können. Hier wird es möglich, einheitliche Typen und Normen der Produkte festzulegen und zu schaffen. Hier wird der Konkurrenzkampf von Fabriken der gleichen Gattung vermindert oder ausgeschaltet, der technische Anschluß an die Vor- und Nachproduktion reibungsloser als bisher vollzogen.

40

Die vertikale Gliederung erstrebt für einen Produktionsprozeß eine einheitliche Leitung, um dann den Urstoff eine möglichst vielstufige Produktionsskala bis zum Fertigfabrikat durchlaufen zu lassen. Sie will in einem einheitlich geleiteten Gesamtbetrieb alle Stufenprozesse vereinigen, z. B. von Kohle und Erz über Roheisen, Stahl, Formeisen zum Werkzeug, zur Maschine, zur elektrotechnischen Anlage.

Die Rheinelbe-Union zeigt bereits eine vielstufige vertikale Kombination. Produktion der Rohstoffe: Kohle, Erze, Kalksteine; Produktion der Zwischenerzeugnisse; Eisen und Stahl; Produktion der Halbfabrikate: Schmiedeeisen, Formeisen, Bleche, Walzdraht, Rohre; Produktion der Fertigwaren: Werkzeuge, Schrauben und Nieten, Federn, Beschlagteile, Eisenbahnmaterial, Land- und Wasserfahrzeuge. Das ist die Produktionsskala innerhalb dieses Konzerns.

Das erste Bestreben geht hierbei auf die Sicherung der Rohstoffe, besonders der Kohlen. Steinkohle hat seit dem Kriege und besonders seit Spa einen Seltenheitswert bekommen. Die verbrauchenden Betriebe kämpfen um die Kohle. Deutschland, eines der kohlenreichsten Länder, hat keine genügende Kohlennahrung für seine Wirtschaft. Die staatlich geleitete Verteilung kann die Betriebe nicht ausreichend versorgen. Deutsche Betriebe werden auf den teuren Bezug ausländischer Kohle verwiesen. So ist es verständlich, daß der Konzern seine kohlenverbrauchenden Betriebe mit einem großen und sicheren Kohlenkeller untermauert. Das Gleiche gilt für Erze. Wo keine genügenden Kohlenfelder im eigenen Besitz und in der eigenen Nähe sich befinden, werden sie erworben. Seit der Erwerbung der Union in Dortmund hat Deutsch-Luxemburg im Dortmunder Gebiet mehrere Zechen erschlossen. Die mangelhafte eigene Kohlenbasis nach dem Kriege hat es durch den Anschluß an Gelsenkirchen ergänzt, wobei für Gelsenkirchen die Erweiterung des Zechenbetriebes durch die Hochofenanlagen von Deutsch-Luxemburg zur Vereinigung mit dieser Gesellschaft drängte.

Die einzelne Produktionsstufe wird so auf die andere eingestellt, sei es nach oben oder nach unten in der Skala des Produktionsprozesses. Die Verfeinerungsbetriebe sind für den Bezug der notwendigen Fabrikate sichergestellt, die Zwischenfabrikation hat von unten her eine ausreichende Kohlen- und Erznahrung und nach oben einen reibungslosen Absatz. Räumliche Zusammenfassung vereinfacht und verbilligt das Zusammenarbeiten, die Angliederung der Stufen erspart den einzelnen Betrieben eine kostspielige Lagerhaltung von Betriebsmaterial. Das zeitraubende Auswählen der Bedarfsstoffe, die Verteuerung des Zwischenhandels, die namentlich in der heutigen Zeit große Unsicherheit bei dem Bezug der geeigneten Materialien werden auf diese Weise vermieden.

Es ist klar, daß ein derartiger Konzern besser und ergiebiger produzieren kann als ein isolierter Betrieb. Die Ausnützung seiner eigenen Produkte, die Verbilligung seiner Selbstkosten und seine wirtschaftliche Machtstellung lassen ihn über andere Unternehmungen hinauswachsen. So sehen wir heute den Konzentrationswettlauf in der deutschen Industrie, besonders in der Montanindustrie. Nur noch wenige große Unternehmungen gibt es hier, die nicht irgendwie vertrustet sind. Die alten Firmen Klöckner, Stumm, Haniel, Funke, Thyssen, Stinnes u. a. wachsen sich zu riesigen Konzentrationen aus und befinden sich in immer stärkerer Zusammenballung.

Die Rheinelbe-Union G. m. b. H. erweitert sich wenige Monate nach ihrer Gründung durch die Erwerbung des „Bochumer Vereins für Bergbau- und Gußstahlfabrikation-A.-G.". Dieses Werk, selber bereits ein umfangreicher Kombinationsbetrieb im rheinisch-westfälischen Revier, sieht auf eine Entwicklung von sechs Jahrzehnten zurück. Es umfaßt Hochöfen, Stahlschmelzen, Gießereien, Hammer- und Walzwerke, Eisenbahnbedarfsfabriken sowie eine große Anzahl von Neben- und Hilfsbetrieben. Die Zahl der Arbeiter beträgt 18000. Den Bedarf an Rohstoffen deckt es zum großen Teile durch den Betrieb eigener Zechen, Kokereien, Quarzitbrüche, Kalksteinfelder. Im Siegerland besitzt das Werk einen Komplex von Eisensteingruben.

Bevor der Bochumer Verein an die Rheinelbe-Union kam, erlebte er ein eigenartiges Schicksal, das an amerikanische Geschehnisse erinnert. Ein Berliner Bankier machte den

Versuch, möglichst zahlreiche Aktien des Bochumer Vereins an sich zu nehmen. Die Börse erlebte phantastische Kurstreibereien. Als der Spekulant die Mehrheit des Montanunternehmens in seiner Hand vereinigt hatte, sah er sich nach dem zahlungsfähigsten Interessenten um. Hier zeigte sich ein Beispiel dafür, wie das Börsenkapital über das Schicksal wichtiger Industrieunternehmungen entscheidet. Allerdings bietet Deutschland keinen so günstigen Boden für derartige Spekulationen wie Amerika. Man kann nicht behaupten, daß das Finanzkapital die Unternehmungen leitet, wie es will. In vielen Fällen spannen die Unternehmungen das Finanzkapital so vor ihren Wagen, wie sie es wollen.

Nachdem die Börsenspekulation mit den Bochumer Aktien gelungen war, verlautete es, daß valutastarke Auslandsinteressenten die Hand nach dem Unternehmen ausstreckten. Der Bochumer Verein hätte leicht das Schicksal des „Phönix" und anderer deutscher Unternehmungen teilen können. Da entschloß sich der Stinnes-Konzern trotz des hochgetriebenen Preises zur Übernahme des Werkes. Der Berliner Bankier, der schon früher einmal durch den Mehrheitskauf einer Reedereifirma in ähnlicher Weise berühmt geworden war, war an diesem Tage der Held der Börse.

Für die Rheinelbe-Union ist der Anschluß des Werkes vor allem als Ergänzung der Weiter- und Fertigfabrikation von Bedeutung. In die gleiche Richtung weist die Annäherung der Rheinelbe-Union an die Edelstahlfabrikation der Gebrüder Böhler A. G.

* * *

Vom Bergbau führt der eine Weg zur Schwerindustrie, der zweite zur Elektrizitätswirtschaft. Auf beide hat Hugo Stinnes frühzeitig und zielbewußt seine Aufmerksamkeit gerichtet. Das Rheinisch-Westfälische Elektrizitätswerk sollte, so war es seine Absicht, die beiden Industrieprovinzen Rheinland und Westfalen mit ihren unzähligen Anlagen, Überlandzentralen, Kraftwerken, Elektrizitäts- und Gasanstalten, Bahnhöfen, gewerblichen Betrieben, mit ihren hunderten von licht und kraftverbrauchenden Städten, mit ihrem engmaschigen Netz von Klein- und Straßenbahnen

versorgen. Bis zum Jahre 1920 hat es sich durch Angliederung von Kraftwerken und Konsumregionen beträchtlich
erweitert. Seine Rohstoffbasis sichert es sich durch einen
Gemeinschaftsvertrag mit dem Rheinischen Braunkohlenwerk
Roddergrube. Weitere Braunkohlenbeteiligung besteht bei
den Mitteldeutschen A. Riebeckschen Montanwerken und den
Braunschweigischen Braunkohlenbergwerken.

Der Stinnes-Konzern hat durch den Zusammenschluß von
Deutsch-Luxemburg, Gelsenkirchen und Bochumer Verein
seinen Montanzweig nach oben und unten abgerundet. Noch
im gleichen Jahre 1920 erfolgt der nächste Schritt. Hugo
Stinnes verschweißt seinen Montankonzern mit dem Siemens-
Konzern zum mächtigen Elektro-Montan-Konzern.

Der Siemens-Konzern hat seine Keimzelle in einer kleinen
Werkstatt, die Werner Siemens im Jahre 1847 in einem
Hinterhause der Schöneberger Straße in Berlin gründete.
Mit dem Mechaniker Halske betrieb er den Telegraphenbau,
konstruierte das Tiefseekabel, baute das gesamte russische
Telegraphennetz.

Ein Merkmal der Familie Siemens ist der große Selbständigkeitsdrang. Jahrzehntelang sträubte sich z. B. Werner
Siemens dagegen, seine Firma in eine Aktiengesellschaft
umzuwandeln. Erst im Jahre 1897 erfolgte die Begründung
der Aktiengesellschaft. Von diesem Zeitpunkte ab setzt eine
großartige Entwicklung ein. Der Konzern dehnte sich ins
Riesenhafte aus. Die schwere Krisis von 1900, die die Elektrizitätsindustrie heimsuchte, bedrohte eine Reihe großer
Elektrounternehmungen, die sich in allzu waghalsige Geschäfte eingelassen hatten. Nur die beiden großen deutschen
Elektrokonzerne Siemens und AEG blieben unerschüttert.
Soweit die übrigen noch lebensfähig waren, mußten sie sich
an diese beiden anlehnen. Damals erfolgte der Zusammenschluß der Siemensbetriebe mit der Elektrizitäts-A.-G. vorm.
Schuckert & Co. in Nürnberg. Die vereinigten Unternehmungen
gründeten zum Ausbau der Starkstromtechnik die Tochtergesellschaft Siemens-Schuckert-Werke. Eine Reihe von weiteren Gesellschaftsunternehmungen entstehen weiterhin aus
den Siemensschen Gründungen. Auf eine außerordentlich
große Anzahl von Abnehmerfirmen übt der Konzern einen

bestimmenden Einfluß aus, so auf Elektrizitäts- und Gasgesellschaften, Zechenzentralen, Lokalbahnen, Kleinbahnen. Es sind u. a. die Fränkischen Überlandwerke, die Großkraftwerke Franken, das Kraftwerk Thüringen, die Überland- und Zechenzentrale Kupferdreh, die Überlandzentrale Südharz, die Aktiengesellschaft A. G. Wiener Lokalbahn, die Rheinische Elektrizitätsaktiengesellschaft in Mannheim, die Bergische Kleinbahn, die Hamburger und Stettiner Elektrizitätswerke, die elektrischen Straßenbahnen, Elberfeld, Barmen, Würzburg usw. usw. Der Konzern ist ferner verbunden mit Maschinenfabriken, Automobilfabriken, sowie mit anderen Werken des In- und Auslandes.

Das Produktionsgebiet des Siemens-Konzerns umfaßt elektrische Erzeugnisse und Anlagen aller Art, von der Glühlampe bis zur Untergrundbahnanlage. Außerdem erzeugt es Gegenstände des allgemeinen Maschinenbaues, der Feinmechanik, der Optik, des Instrumentenbaues, sowie Kraft- und Lastwagen.

Es ist erwähnenswert, daß der Stinnes-Konzern diesen Zusammenschluß mit dem Siemens-Konzern wie auch früher den Zusammenschluß mit der Gelsenkirchener Bergwerks-A.G. nicht durch finanzielle Operationen erreicht hat, sondern daß auf dem Verhandlungswege diese Konzentration zustande gekommen ist. Die Erkenntnis gemeinsamer Notwendigkeiten, die Aussicht auf gemeinsame Vorteile mögen hierbei ebenso mitgespielt haben wie die persönliche Überzeugungskraft und die organisatorische Begabung von Hugo Stinnes.

Die Gründung des Elektromontankonzerns erfolgte unter dem Namen „Siemens-Rheinelbe-Schuckert-Union", Diese Spitzenorganisation regelt die finanziellen Maßnahmen der beteiligten Unternehmungen und arbeitet die Richtlinien für die gemeinsame Betriebsführung aus. Es sollen jedoch Betrieb und Verwaltung der einzelnen Glieder selbständig erhalten bleiben. Das Ziel der Vereinigung wird vom Vorsitzenden des Aufsichtsrates der Siemens- und Halske-A.-G. folgendermaßen gekennzeichnet: „Heute, wo nur Intelligenz und hochwertige menschliche Arbeitskraft geblieben ist, müssen wir dafür sorgen, daß das ganze Material, welches wir unserem Boden entnehmen können, auf den Weltmarkt nur in höchst veredeltem oder weiterverarbeitetem Zustande gebracht wird, der viel Menschenarbeit an sich bindet."

Der Riesenkonzern mit seinen etwa 200 000 Arbeitern wird Gelegenheit haben, alle Möglichkeiten, die die Konzentration für Kräfteeinsparung, grundlegende Neuerungen, Erweiterungen, sowie für Spezialisierung, Normierung und Typisierung eröffnet, in der mannigfaltigsten Weise zu verwirklichen.

Es wird interessant sein, nachdem der Siemens-Konzern den Anschluß an den großen Montankonzern gefunden hat, nun seinen mächtigen Konkurrenten, die Allgemeine Elektrizitäts-Gesellschaft, in ihrer weiteren Entwickelung zu verfolgen. Auch bei dieser sieht man bereits die Ansätze zu vertikaler Kombination. Die Siemenswerke werden heute mit Hilfe der Verbindungen ihres Konzerns, namentlich mit Hilfe des außerordentlich konsumfähigen rheinisch-westfälischen Industriegebietes, außerordentliche Vorteile für Bezug ihres Bedarfes und Absatz ihrer Produktion haben. Es ist außerdem sicher, daß die weitschauenden und bereits nach jeder Richtung über die Grenzen Deutschlands hinaus führenden Projekte des Stinnes-Konzerns auch für die ihm angeschlossene Elektrizitätswirtschaft von der allergrößten Bedeutung sein werden.

Um den Konzern zu vervollkommnen, hat Stinnes im Interesse der für die Elektroindustrie außerordentlich wichtigen Kupfer- und Messingfabrikation Beziehungen zu entsprechenden Metallwerken angeknüpft und sich ferner an Aluminiumwerken beteiligt. Außerdem hat er durch den Ankauf der Automobilwerke Loeb in Berlin die Automobilindustrie in seinen Bereich einbezogen.

Der Konzern Siemens-Rheinelbe-Schuckert-Union bindet seine Glieder vertragsgemäß zu einem einheitlichen Organismus, der einstweilen bis zum Jahre 2000 ins Leben gerufen ist. Es scheint die Zeit gekommen, in der einzelne Menschen wirtschaftliche Konstruktionen auf Jahrhunderte hinaus planvoll anlegen.

Verknüpfungen im In- und Ausland.

Der Stinnes-Konzern ist vom rheinisch-westfälischen Industriegebiet aus über ganz Deutschland gewachsen. Durch die Verbindung mit dem Siemens-Schuckert-Konzern hat er in der wichtigsten Industriestadt Bayerns Fuß gefaßt. Beim Zustandekommen des großen Konzerns erließen die vereinigten Verwaltungen eine Kundmachung, in der sie auf die wirtschaftliche wie politische Bedeutung dieses Ereignisses hinweisen: Bayern und Berlin vereinigen sich mit Rheinland-Westfalen zu einer festgeschmiedeten wirtschaftlichen Einheit, die alle Abspaltungsbestrebungen im Keime ersticken wird. Was hier die Industriellen aussprechen, haben die Arbeiter in anderem Zusammenhang ebenfalls kundgetan. Auf einer Revierkonferenz der Vertrauensleute und Betriebsratsobmänner sämtlicher Zechen im Sommer 1920 wurde beschlossen, daß im Verein mit den Organisationen der Eisenbahnen und Wasserstraßen solchen Landesteilen, in denen sich Bestrebungen auf Absplitterung vom deutschen Reiche durchsetzen, alsbald die Versorgung mit Kohlen, Koks und Briketts unmöglich gemacht wird.

Diese wirtschaftlichen Argumente sind bei der Gefahr der Isolierung und Absplitterung angesichts der Schwäche der Staatsgewalt von großer Bedeutung.

Außer in Süddeutschland hat der Stinnes-Konzern neuerdings in den wichtigsten Wirtschaftszweigen Ostpreußens festen Fuß gefaßt. Er beherrscht Kohlenimport und Kohlenhandel und beteiligt sich am Vertrieb von Maschinen und Düngemitteln für die ostpreußische Landwirtschaft. Für eines der Haupterzeugnisse, den Zellstoff, hat er eine monopolartige Stellung erworben. Sämtliche Zellstoffabriken des holzreichen Ostpreußens unterstehen seinem Einflusse.

47

Auf Deutsch-Österreich richtet Hugo Stinnes ebenfalls seinen Blick. Dieses Land kann auf die Dauer ohne eine enge wirtschaftliche Anlehnung an eine starke auswärtige Volkswirtschaft nicht leben. Es muß sich bald entscheiden, nach welcher Seite sie erfolgen soll. Deutsch-Österreich macht nach einer langen Zeit der Lähmung und Ohnmacht krampfhafte Versuche, seine wirtschaftliche Zukunft zu sichern. Die Industrien nehmen Umstellungen vor und passen sich den veränderten Produktionsnotwendigkeiten an. Man sucht die veralteten und nicht mehr voll in Anspruch genommenen Betriebe durch moderne Anlagen zu ersetzen, und man geht daran, die vorhandenen Energiequellen des Landes zu erschließen. Die österreichischen Gebiete werden nach Kohle, Petroleum, Erdgas und chemischen Stoffen durchforscht.

Die Zerreißung der Donaustaaten hat eine Menge lebenswichtiger Unternehmungen zu ausländischen gemacht. Weder auf diese noch auf die anderen Auslandswirtschaften kann Deutsch-Österreich heute rechnen. Seine totkranke Valuta läßt die früher gewohnte Einfuhr nicht mehr zu und beschleunigt die Auspowerung durch das valutastarke Ausland.

Dabei ist dieses Land trotz aller augenblicklichen Schwäche reich an wirtschaftlichen Möglichkeiten. In Oberösterreich, Salzburg und Tirol gibt es Kohlenvorkommen, Erdöl scheint an verschiedenen Stellen vorhanden zu sein, wertvolle Kaolinlager könnten die Grundlage für eine hochentwickelte Porzellanindustrie bilden. Der Reichtum an Holz ist imstande, eine blühende Papierfabrikation zu tragen. Die Ausnützung der Wasserkräfte würde der Elektrizitätsindustrie ungeahnte Möglichkeiten verschaffen, und die hier entbundene Kraft könnte für die gewerblichen Betriebe und die Verkehrsanlagen den gesamten Energiebedarf decken.

Der Stinnes-Konzern hat im Frühjahr 1921 durch Aktienkauf die Österreichisch-Alpine-Montangesellschaft an sich gebracht. Diese Gesellschaft besitzt den steiermärkischen Erzberg, das größte geschlossene Erzvorkommen Europas, und war vor dem Kriege besonders wichtig für die Eisenversorgung Italiens und des Balkans. Im Jahre 1916, dem besten Erzeugungsjahre, wurden 2360000 Tonnen Erze gefördert, 637000 Tonnen Roheisen und 300000 Tonnen Walzwaren erzeugt. Nach dem Kriege ging die Erzeugung beträchtlich zurück. Im Jahre 1919 betrug die Produktion nur noch 244000 Tonnen Erze, 59000 Tonnen Roheisen und 70000 Tonnen Walzwerkerzeugnisse, also an Erzen und Roheisen etwa den zehnten Teil. Dieser Rückgang war ungeheuerlich.

In den Zeiten dieses Tiefstandes kaufte ein Wiener Bankier die Aktienmehrheit und veräußerte davon den größten Teil mit riesigen Zwischengewinnen an eine italienische Gruppe. Für Italien war die Erwerbung von außerordentlicher Bedeutung. Die italienische Industrie findet im eigenen Lande wenig Eisen und hatte jetzt Aussicht, sich den Bezug der Roheisenproduktion aus der Steiermark zu sichern. Die Idee war ausgezeichnet. Die Verhältnisse machten jedoch die Ausführung unmöglich. Denn das kohlenarme Italien konnte dem Werke die notwendigste Koksnahrung nicht liefern. Beinahe zwei Jahre lang hat die italienische Gruppe über den Betrieb geherrscht, ohne während dieser ganzen Zeit auch nur ein einziges Kilogramm Eisen aus Österreich beziehen zu können.

Zu dem Mangel an Koks kam der Mangel an Arbeitern. Während früher italienische Arbeiter in ausreichender Anzahl für die Betriebe zu haben waren, blieben sie jetzt vollständig aus, da begreiflicherweise kein Italiener heute zu bewegen ist, für einen Kronenlohn zu arbeiten. In Lirewährung konnte aber die Gesellschaft natürlich nicht zahlen.

Ihren Koksbedarf bezog die Gesellschaft früher im wesentlichen aus den eigenen Koksanlagen in Orlau bei Mährisch-Ostrau, sowie aus anderen mährischen Kokereien, ferner aus dem Ruhrkohlengebiet. Mit dem Zerfall Österreichs und der gegenseitigen Absperrung der Nachfolgestaaten hörten die Kokslieferungen aus der Tschechei auf. Auch aus dem deutschen Revier kamen nur noch ganz vereinzelte Lieferungen. Infolgedessen mußte die Gesellschaft einen außerordentlich ungünstigen Vertrag auf Gegenseitigkeit mit der Tschechei eingehen, nach welchen sie dorthin Roheisen gegen Koks liefern sollte. Die Koksanfuhr erfolgte aber so unzulänglich, daß von den sieben Hochöfen schon bald sechs ausgeblasen werden mußten.

Die Erwerbung der Unternehmung durch den Stinnes-Konzern bedeutet einen großen Wandel. Sie ist für den steierischen Erzberg sowohl wie für die gesamten wirtschaftlichen Aufbauprobleme Deutsch-Österreichs von der höchsten Bedeutung. Der Stinnes-Konzern, der über 15,8 % der gesamten Kohlenförderung und über 13 % der gesamten Kokserzeugung in Rheinland-Westfalen verfügt, kann das Werk ausreichend mit Koks versorgen, das bei voller Ausnützung seiner Hochöfen einen Koksbedarf von jährlich 600 000 Tonnen hat. Die gesteigerte Erzeugung von Roheisen ist für die Wiederbelebung der verarbeitenden Industrien eine Lebensfrage. Die Eisenproduktion aus den steierischen Hütten braucht nun nicht mehr nach der Tschechei abgeführt zu werden, sondern wird im Lande verarbeitet. Die österreichische Eisenindustrie wird wieder voll beschäftigt, sie kann die Inlandsnachfrage befriedigen und ihre bedeutungsvolle Rolle für den Warenexport wieder aufnehmen. Die besondere Qualität des steierischen Eisens ist hierbei sehr wichtig. Das beim Stillstand der Montanwerke vom Ausland eingeführte Roheisen war nicht immer so beschaffen, wie es die österreichischen Industrien für ihre hochwertige Spezialfabrikation benötigten. Heute sind sie wieder befähigt, ihre Erzeugnisse in alter Güte auf den Markt zu bringen.

Die Erwerbung der Alpinen-Montangesellschaft ist Hugo Stinnes stellenweise verdacht worden. Der Anschluß geschah in den kritischen Tagen der Londoner Konferenz. Und man erblickte in der Erwerbung, die gerade in diesem Augenblicke mit großen Mitteln stattfand, eine Erschwerung der Verständigung. Es mag sein, daß der Eindruck der Stinnes-Erwerbung in London nicht günstig war. Doch nachteiliger als dieser schlechte Eindruck wäre sicherlich der Verlust der Erzvorkommen gewesen. Und dieser drohte einzutreten, da ähnlich wie bei der Aktienspekulation im Falle des Bochumer Vereins bereits Verhandlungen mit ausländischen Käufern ziemlich weit gediehen waren.

Österreich wäre ohne fremde Hilfe nicht in der Lage gewesen, dieses riesige Montanwerk wieder in Betrieb zu

setzen. Die Bedeutung des Falles angesichts der wirtschaftlichen Drosselung Deutschlands und Österreichs beleuchtete
die Kölnische Zeitung mit folgenden Erwägungen:

„Die Nachkriegspolitik des Verbandes durchschneidet
die Lebensadern der deutschen Industrie und versperrt
ihr, wo sie kann, den Weltmarkt. Österreich-Ungarn
verwandelt sie in einen Trümmerhaufen, Oberschlesien
lähmt sie bis zur Erzeugungsunfähigkeit, den Balkan über-
läßt sie seiner ganzen Hilflosigkeit, für den Wiederaufbau Mitteleuropas hat sie nur wahnwitzige Wiedergut-
machungsforderungen, Strafen und Repressalien übrig.
Den „Drang nach dem Südosten", den sie uns einst an-
dichtete, verwandelt sie in unwiderstehlichen Druck. Ein
kühner Unternehmer, dem auch seine Feinde nicht Größe
des Entschlußes und weiten Blick abstreiten, wagt als
Erster den Sprung ins Dunkle, und hofft, eines der
stärksten Werke des Festlandes aus dem Zustand des
Vegetierens wieder zu einem vollwertigen Glied in der
europäischen Wirtschaft zu gestalten. Er wagt zu diesem
Zweck ein Kapital, das auch für einen Stinnes keine
Kleinigkeit ist, dessen bürgerliche Verzinsung einstweilen
fast utopisch scheint. Und lädt damit den Zorn des Verbandes auf sich, der keinen Finger rührte, so lange
Schieber aus aller Herren Länder sich am Ausverkauf
Österreichs beteiligten. Wenn das verbündete Italien, das
doch zuerst an der Krippe saß, nicht durchhalten konnte,
wenn Schneider-Creuzot, durch die üblen Erfahrungen
bei den Skodawerken gewitzigt, das Feld der deutschen
Industrie überließ, kann man unmöglich Stinnes daraus
einen Vorwurf machen. Die wirtschaftliche Einkreisungs-
politik des Verbandes gegen Deutschland schafft nicht die
Tatsache aus der Welt, daß ihrem Vernichtungswillen
Grenzen gesetzt sind."

Die Erwerbung der Alpinen-Montan-Gesellschaft durch
den Stinnes-Konzern, die bisher einzige Verwirklichung des
Anschlußgedankes, hat die Gemüter in Deutsch-Österreich
sehr bewegt. In anschaulicher Weise bekundet das ein „Offe-
ner Brief", den ein Wiener Publizist an Stinnes richtete.
Er schrieb:

„Sie sind daran gegangen, die schwer darniederliegende deutsch-österreichische Volkswirtschaft mit Ihren Kapitalien zu befruchten und haben dabei die Stelle gefunden, die die reichste Ernte verspricht. Weshalb eigentlich erst so spät? Es wurde ja von deutsch-österreichischer Seite zwei Jahre lang unermüdlich um die Hilfe des deutschen Kapitals geworben. Da haben wohl politische Hemmungen bestanden. Denn die wirtschaftlichen Vorteile solcher Hilfe für beide Teile waren doch mit Händen zu greifen. Aber die italienischen Käufer kamen nicht auf ihre Kosten. Sie hatten wohl gehofft, ihr Eintritt in die Alpine-Montan-Gesellschaft würde die Tschechen veranlassen, den Koks zur Verhüttung des steierischen Erzes, den sie den Deutsch-Österreichern rachedurstig vorenthielten, reichlicher zu liefern. Indessen ließen sich die Tschechen dadurch im weiteren Genuß ihrer Rache nicht stören, und so blieben von den sieben Hochöfen der Gesellschaft sechs auch weiter ohne Feuer. Und von den alliierten Franzosen, Engländern und Amerikanern wäre damals ja Koks nur zu unerhörten Preisen zu haben gewesen. Da verloren die Italiener schnell die Lust an dem einst triumphierend erworbenen Besitz. Sie aber Herr Stinnes, sind der richtige Ersatz für sie. Denn sie haben, was Ihnen gefehlt hat: Kohle und Koks. Wahrscheinlich wird sich nun auch bei den Tschechen rasch der Rachegeist verflüchtigen, wie es beim Zuckerhandel war, als Österreich aus Java, von der anderen Seite der Erde, den Zucker billiger erhielt, als die tschechischen Nachbarn ihn liefern wollten, und der Zuckerpreis auf dem Weltmarkte so tief sank, daß der tschechische Zucker zu den geforderten Preisen unverkäuflich wurde. Mit ihrem Koks wird es ihnen hoffentlich jetzt nicht anders ergehen. Sicherlich werden sie ihn auch der Alpinen-Montan-Gesellschaft anbieten, und der westfälische Koks wird der deutschen Volkswirtschaft nicht entzogen zu werden brauchen.*) Zunächst wird die Arbeitslosigkeit verringert werden. Mehr Hände werden nötig werden, um den Mehrbedarf an Eisenerz zu gewinnen, dieses

---

*) So ist es auch gekommen.

Mehr zu verhütten, das gewonnene Eisen in den Fabriken zu verarbeiten zu Maschinen, zu Trägern, zu Schienen, zu Werkzeugen, zu Bedarfsartikeln aller Art. Das Mehrangebot wird eine Preissenkung zunächst für Eisenerzeugnisse herbeiführen. Ein allgemeiner Preisabbau und damit auch ein Abbau der Löhne wird folgen. Damit wird aber auch allmählich die Vorbedingung für die Wiedereröffnung der Bautätigkeit geschaffen werden und damit wieder eine allgemeine Befruchtung der Volkswirtschaft eintreten. Kurz, die wirtschaftliche Stockung wird aufhören, und der Blutlauf im Wirtschaftskörper wieder in Gang kommen. Sie haben deshalb, Herr Stinnes, in Österreich mit einem Male eine günstige Presse, sogar im sozialdemokratischen Lager, das ja allerdings nach dem völligen Scheitern der hochfliegenden Sozialisierungspläne auf dem jüngst hier abgehaltenen Metallarbeiter-Betriebsrätekongreß reumütig die Fahne des allein Rettung bringenden Kapitalismus wieder aufgezogen hat. Wenn die sozialdemokratische Fraktion im Nationalrat sich als Zionswächter des Antikapitalismus gebärdet und mit einer Anfrage die Regierung auf die Möglichkeit aufmerksam macht, daß Sie, Herr Stinnes, das in Steiermark gewonnene Erz nach Deutschland verschleppen und die österreichische Eisenindustrie derart stilllegen könnten, so werden Sie, Herr Stinnes, darüber lächeln. Denn Sie wollen verdienen, und Sie werden am meisten verdienen, wenn Sie den Rohstoff möglichst an Ort und Stelle verarbeiten lassen, statt ihn erst weit weg zu schleppen. Nicht gelächelt, sondern aus vollem Halse gelacht haben werden Sie aber über die Meinung des Wiener schwarz-gelben Montagsreptils, daß Sie die Aktien der Alpinen-Montan-Gesellschaft nur erworben hätten, um die Werke zum Heil der deutschen Eisenindustrie still zu legen. Die Leute dieses schwarz-gelben Klüngels haben die richtige Witterung und suchen das Unheil (das ist es für sie), das Sie da gestiftet, mit bewußten Verdächtigungen abzuwenden. Ihnen wäre es viel lieber gewesen, wenn die Italiener die Aktien der Alpinen behalten statt Ihnen verkauft hätten, wie sie auch wegen der fortschreitenden Überfremdung der öster-

53

reichischen Industrie und Banken durch Franzosen, Engländer und Amerikaner keine Träne weinen. Fahren Sie nur fort in dieser „Überfremdung", alle, die den Wiederaufbau Österreichs und sein enges Zusammenwirken mit dem Deutschen Reiche wünschen, werden Sie dafür preisen."

Der Schritt, den der Hugo Stinnes-Konzern mit der Erwerbung unternommen hat, ist sehr gewagt. Denn er hat ein riesiges Kapital hergegeben und wird noch ein weiteres in dieses Unternehmen stecken müssen, um es in vollen Betrieb zu setzen. Die Rentabilität bei dieser infolge der vorher getriebenen Spekulation ungeheuren Investition wird nicht so leicht zu erzielen sein. Es ist aber kennzeichnend für Hugo Stinnes, daß er sich bei seinen Erwerbungen nicht immer vom Gesichtspunkt einer sofortigen oder baldigen Verdienstmöglichkeit leiten läßt.

*　*　*

Während dieser Aktionen nach dem Süden und Osten denkt Stinnes aber auch noch an andere Möglichkeiten, um die Tore Deutschlands für die Wirtschaft offen zu halten. Schon vor dem Kriege hat er vielverschlungene Fäden gesponnen zur Verknüpfung seiner Unternehmungen mit den Rohstoffquellen und dem Absatzmarkte des Auslandes. Sein weitgestecktes Ziel war es, in einem einheitlich geleiteten Unternehmen selbst die Rohstoffe zu fördern und zum Fertigfabrikat zu verarbeiten, selbst die Transportmittel zu bauen und zu besitzen, und die eigenen Waren als eigener Händler auf den Weltmarkt zu bringen. Im Rahmen der früher erwähnten „Aktiengesellschaft Hugo Stinnes für Seeschiffahrt und Überseehandel", die 1917 gegründet wurde, wird 1920 eine umfangreiche Exportabteilung eingerichtet. Die Eintragung über dieses Geschäft im Hamburger Handelsregister ist sehr interessant. Sie zeigt, wie vielseitig die Unternehmungen von Hugo Stinnes ausgebaut werden sollen. Das Geschäft umfaßt: Seeschiffahrt jeder Art, einschließlich der Herstellung aller dazu dienenden Betriebsmittel im In- und Auslande, den Handel mit Erzeugnissen des Bergbaues, der Hüttenindustrie, der Metallindustrie, der chemischen und elektrischen Industrie, der Land-

54

wirtschaft, sowie den Handel mit Waren, Fertigfabrikaten, Halbfabrikaten und Rohprodukten aller Art, insbesondere mit Lebens- und Futtermitteln, mineralischen, tierischen und pflanzlichen Ölen, Baumwolle und sonstigen Textil-Rohstoffen, Häuten, Jute, Holz, Zellulose, Papier und allen Erzeugnissen der weiterverarbeitenden Industrie, ferner den Umschlag und die Lagerung solcher Erzeugnisse, insbesondere soweit sie aus dem Ausland kommen oder ins Ausland gehen. Die Gesellschaft ist auch berechtigt, die Herstellung, Gewinnung und Verarbeitung von Waren, Fertigfabrikaten, Halbfabrikaten und Rohprodukten aller Art in eigenen Betrieben vorzunehmen.

Umfassender läßt sich ein Betrieb nicht leicht denken. Von der Montan- und Elektrounternehmung geht Hugo Stinnes nun in weitem Maße zur vielseitigsten Beteiligung an der deutschen Wirtschaft über.

Die „Hamburger Verkehrs-A.-G.", die Stinnes gemeinsam mit der Hamburg-Amerika-Linie gründet, wendet sich dem Personenverkehr, Hotel- und Kurbetrieb zu. Kajüte, Hotel, Erholungsort werden zusammengefaßt. Die Gesellschaft kauft das Berliner Hotel Esplanade, erwirbt ferner die Hotels in Oberhof in Thüringen und führt diese Betriebe mittels der Thüringer Hotel-Betriebs-Gesellschaft m. b. H. Eine Verknüpfung der vielfältigsten Möglichkeiten für den Reise- und Fremdenverkehr scheint mit diesen Unternehmungen geschaffen zu sein. Es eröffnen sich Perspektiven von Weltreiseunternehmungen zwischen allen Erdteilen und Ländern. Der nächste Weg wird dabei vielleicht von der Nordsee aus nach Mitteldeutschland, ins Alpenland und ans Mittelmeer führen.

Stinnes und die Presse.

Eines Tages erfuhr man die überraschende Neuigkeit, daß Hugo Stinnes vom Industriellen zum Zeitungsunternehmer geworden sei. Es handelte sich um die Erwerbung der allbekannten Deutschen Allgemeinen Zeitung. Damit schlug Stinnes einen Weg ein, den vor ihm andere Vertreter der Schwerindustrie bereits beschritten hatten. Es steht ziemlich fest, daß eine Reihe deutscher Zeitungsunternehmungen, Anzeigenverwaltungen und Nachrichtenbureaus unter dem Einflusse der Großindustrie arbeitet. Die Zusammenhänge sind nicht überall zu erkennen. Das gesamte deutsche Zeitungswesen leidet an dieser Erscheinung. Bei vielen Organen der öffentlichen Meinung ist der Leser zwar ohne Umstände in der Lage, sich ein Bild über den hinter der Zeitung stehenden Einfluß zu verschaffen. Bei vielen ist dies aber selbst für den Geübten keine Kleinigkeit. Neuerdings geschieht es sogar, daß plötzlich durch irgend einen Zufall eine Persönlichkeit oder eine Gruppe als Beherrscher eines Zeitungsunternehmens erkennbar wird, an die man, was die Haltung des Blattes angeht, nicht im Entferntesten zu denken geneigt war. Diese Tatsache ist bereits so weit gediehen, daß es Zeitungsunternehmer gibt, die ein ganzes Register der verschiedensten Organe mit verschiedener Einstellung zu den Fragen des politischen und wirtschaftlichen Lebens besitzen. Die Zeitungen werden hier zum reinen Geschäftsunternehmen, bei dem es den beherrschenden Gruppen ziemlich einerlei ist, welche Nuance der öffentlichen Meinung aus ihren Zeitungen spricht. Im Vordergrunde steht für diese Leute das reine Profitinteresse.

Eine weitere Erscheinung ist heute ebenfalls hin und wieder zu beobachten. Unternehmer, die bisher reine Zeitungs- und Anzeigengeschäfte gemacht haben, interessieren sich

56

für Wirtschaftszweige, die dem Zeitungsgewerbe völlig fern liegen.

Bei Hugo Stinnes scheint indessen ein besonderer Fall vorzuliegen. Die Haltung der Blätter, die heute nachweislich unter seinem Einflusse stehen, läßt in keiner Weise erkennen, daß es Hugo Stinnes darum zu tun ist, seine politischen und ·wirtschaftlichen Anschauungen zu propagieren. Stinnes sucht die Öffentlichkeit nicht. Sein Wirken wird nicht durch Reden, sondern durch die Tat erkennbar. Es mag sein, daß bei seinen Zeitungskäufen der Gedanke mitspielte, die Presse in seinem Sinne zu beeinflussen und einen Teil der eventuellen Angriffsfront zu sich herüberzuziehen. Aber dieser Gesichtspunkt gibt bei seinen Zeitungserwerbungen wahrscheinlich nicht den Ausschlag.

Was Stinnes bisher in dieser Richtung unternommen hat, hat eine große Ähnlichkeit mit seinen Kohlen- und Elektrizitätsunternehmungen. Hier wie dort geht er zunächst von rein ökonomisch-praktischen Gesichtspunkten aus. Was die Zeitungen mit seiner Kohlenwirtschaft verbindet, ist das Holz. Wir haben schon früher darauf hingewiesen, daß er zum gesicherten Bezug des Grubenholzes umfangreiche Waldkomplexe erworben hat. Der Holzbesitz scheint ihm den Weg zu einer anderen Produktionsskala nahe gelegt zu haben. Diese Vermutung wird bestätigt, wenn man sieht, in welcher Weise er die zwischen dem Holz und der Presse liegenden Produktionsstufen in seine Unternehmungen einbezogen hat. Er besitzt heute Unternehmungen zur Herstellung von Zellstoff und Papier. Am Standort des Rohstoffes in Ostpreußen hat er Zellstoffabriken erworben. Es ist interessant, daß er gleichzeitig durch die Angliederung von Kohlenhandelsgesellschaften den ungehinderten Transport der Betriebskohle aus dem Ruhrrevier nach Ostpreußen gesichert hat. In der folgenden Stufe der Papierfabrikation ist Stinnes in der Lage, ebenfalls seine eigenen Betriebe in die Skala einzuschalten. Es verlautet, daß die „Buch- und Zellstoffgewerbe Hugo Stinnes G. m. b. H." sich den Einfluß auf eine Reihe von Papierfabriken zu sichern sucht. Durch den Ankauf der großen Berliner Druckerei Büxenstein sowie der Norddeutschen Buchdruckerei und Verlagsanstalt

57

knüpft er die weiteren Stufen der Papierwirtschaft an. Das Unternehmen erhält seine Spitze in den von Stinnes ange-kauften Zeitungen.

Hier sehen wir dieselbe ökonomische Folge vom Rohstoff über das Halbfabrikat zum Fertigfabrikat, unter einer ein-heitlichen Leitung vereinigt, ähnlich wie in den übrigen Unternehmungen des Stinneskonzerns.

Bei der kaufmännischen Tüchtigkeit des Unternehmers ist es wahrscheinlich, daß er auch die Zeitungen zu einer möglichst hohen technischen und geschäftlichen Vollkommen-heit zu bringen versucht. Die Deutsche Allgemeine Zeitung ist allerdings noch weit davon entfernt, etwa im Stile des französischen Matin eine journalistisch hervorragend auf-gemachte Zeitung zu werden. Ebenso fehlen ihr die Millionen-zahlen von 'Lesern derartiger Weltblätter. Zwar ist sie die größte deutsche Zeitung dem Formate nach. Aber das be-scheidene Geheimratsdasein, welches dieses offiziöse Blatt in früheren Jahren und auch unter der tüchtigen Leitung des verstorbenen Hobbing geführt hat, ist bis heute unver-ändert geblieben. Nach wie vor ist die Zeitung als Nach-richtenblatt bei Redaktionen und Fachleuten angesehen, aber von einem Einfluß auf breite Schichten der Öffentlichkeit kann keine Rede sein. Stinnes ist durch seine Zeitungs-käufe noch lange kein Lord Northcliffe geworden und will auch selber. wahrscheinlich keiner werden.

Die Meldungen, daß Stinnes bisher über 60 deutsche Zeitungen angekauft habe, scheint übrigens außerordentlich stark übertrieben zu sein. Es dürfte sich wohl um nicht mehr als ein Dutzend handeln.

Die Gefahr einer Vertrustung der Presse ist natürlich in den Möglichkeiten ihrer Auswirkung nicht zu unterschätzen. Es könnte leicht geschehen, daß mächtige Persönlichkeiten infolge ihrer wirtschaftlichen Herrschaft über die Presse die öffentliche Meinung in eine ganz bestimmte Richtung lenken und mit ihrem Einfluß Mißbrauch treiben. Sache der Gesetz-gebung wird es sein, die aus einer Preßvertrustung und Einflußverschleierung entspringenden Gefahren rechtzeitig einzudämmen.

58

Stinnes in der Öffentlichkeit.

Der Kampf Deutschlands in der Nachkriegszeit geht um Sein oder Nichtsein. Er spielt sich in erster Linie auf dem Gebiete der Wirtschaft ab. Wenn früher ein verlorener Krieg Gebietsabtrennung oder vollständige Auflösung der politischen Selbständigkeit brachte, so bestehen heute die Folgen eines solchen Krieges in Beschlagnahme von Gütern, sei es, daß dieselben als Rohstoff oder Fertigprodukt aus dem besiegten Lande herausgezogen werden, sei es, daß der Anteil dieses Landes an der Weltwirtschaft zugunsten der Sieger geschmälert wird.

Im Vordergrunde der Friedensverhandlungen stand lange Zeit die Kohlenfrage. Frankreich hat durch den Krieg diesen wichtigsten Rohstoff in weitem Maße verloren. Bevor die französischen Kohlenbetriebe wieder auf die Höhe ihrer alten Produktion gebracht werden können, werden Jahre vergehen. So ist es erklärlich, daß die Forderung deutscher Kohlenlieferungen, namentlich von Frankreich, in den Vordergrund der Verhandlungen gestellt wurden. Die ungeheure Menge von fast 40 Millionen Tonnen Kohlen, deren Lieferung der Friedensvertrag von Deutschland verlangte, mußte selbst ein einigermaßen orientierter Gegner als eine glatte Unmöglichkeit anerkennen. Es konnte zeitweise auch nicht einmal der vierte Teil davon geliefert werden. Im Laufe der Jahre 1919 und 1920 hob sich allerdings die Förderung der Ruhrkohlen beträchtlich. Sie reichte aber immer noch nicht aus, um die deutsche Industrie mit dem notwendigen Bedarf zu versorgen.

Für die ehemals feindlichen Mächte zeigte es sich, daß im Wege des reinen Diktates eine Lieferung der verlangten Kohlenmengen von Deutschland nicht zu erreichen war.

Seit den Tagen von San Remo scheint ihnen die Einsicht gekommen zu sein, daß der Verhandlungsweg die einzige Möglichkeit einer tatsächlichen Wiedergutmachungsleistung sei. So kam es zur Konferenz von Spa, die für die europäische Verständigung anfangs recht gute Aussichten bot, die aber in ihrem Effekt nicht das hielt, was sie versprochen hatte.

In der Villa Fraineuse, dem ehemaligen Sitz des kaiserlichen Hauptquartiers, fanden die Verhandlungen statt, bei denen Frankreich auf die beziehungsreiche Symbolik, die viele seiner politischen Äußerungen kennzeichnet, nicht verzichten konnte. Die deutsche Delegation befand sich in einer außerordentlich schwierigen Lage. Die Kohlenforderung, der sie sich gegenüber sah, war so ungeheuer groß, daß sie die Verantwortung einer Annahme nicht ohne weiteres übernehmen wollte. Sie ließ deswegen deutsche Sachverständige nach Spa kommen, um deren Gutachten zu hören. Auch Hugo Stinnes wurde als Sachverständiger nach Spa berufen.

Die Meinungen innerhalb der deutschen Delegation waren geteilt. Einerseits fühlte man das Damoklesschwert einer Besetzung des Ruhrgebiets in jeder Sekunde über sich schweben, andererseits schreckten die Aussichten, die dieser Aderlaß an der Rohstoffversorgung für das deutsche Wirtschaftsleben bot. Hugo Stinnes schätzte die Wirkungen einer Erfüllung als so katastrophal ein, daß er mit der ganzen Entschiedenheit seiner Persönlichkeit und auf Grund seiner fachmännischen Kenntnis für eine Ablehnung der Ententeforderungen eintrat. Die Delegation beschloß, daß Stinnes seine Argumente in der Vollsitzung der Spa-Kommission persönlich vorbringen solle. Der Bergarbeiter Hué, der ebenfalls zu den Sachverständigen gehörte und nicht weniger von den schlimmen Folgen der Kohlenentziehung überzeugt war, sollte desgleichen als Vertreter der deutschen Kohlenwirtschaft sein Urteil in der Vollsitzung begründen.

So geschah es. Stinnes bezeichnete die jährliche Lieferung von rund 40 Millionen Tonnen als vollständig unmöglich. Er erkannte zwar den dringenden Bedarf Frankreichs an Reparationskohle als vollberechtigt an, hielt aber sogar die einstweilen geforderte Lieferung von monatlich 2 Millionen Tonnen für undurchführbar. Schon einige Tage vorher hatte er einem Vertreter der französischen Presse im gleichen Sinne eine Erklärung abgegeben: Er hielte die Verhandlungen von Spa für verfrüht und für einen Mißerfolg für beide Teile. Man solle die wirtschaftlichen und sozialen Fragen einige Monate reifen lassen, dann würden sich die Lösungen von selber ergeben. Deutschland werde im Laufe der Zeit größere Arbeitsleistungen zuwege bringen und sei zur internationalen Zusammenarbeit sofort bereit. Im einzelnen wies Stinnes auf die Möglichkeit einer französisch-deutschen Zusammenarbeit hin. Die Nachbarschaft der beiden Länder fordere es geradezu, den notwendigen Aufbau gemeinsam durchzuführen, und die wirtschaftlichen Bedürfnisse nach gegenseitiger Vereinbarung zu befriedigen. Aber Spa sei noch von der Atmosphäre des Mißtrauens umlagert.

Die Ausführungen, die Stinnes in der Konferenz machte, wurden von allen Beteiligten mit der größten Aufmerksamkeit angehört. Hier sprach ein Vertreter des deutschen Wirtschaftslebens, dem nicht die Geste der Diplomatie anhaftete, sondern die hartkantige Wirklichkeit. Die Rede Hués verstärkte diesen Eindruck noch mehr. Der Tag dieser Reden war in der Geschichte der politischen Verhandlungen etwas Neues. Seine Wirkungen für den Augenblick waren freilich nicht bedeutend. Die englischen und französischen Staatsmänner hatten keine wirtschaftlichen Leitsterne vor Augen, sondern machtpolitische. Es zeigte sich hier, was bis heute noch der Fall ist, daß eine wirtschaftlich noch so sorgsam und gründlich unterbaute Denkschrift oder ein sachverständiges Gutachten auf Leute vom Schlage Briands und Lloyd Georges wenig Eindruck macht, wahrscheinlich sogar mit leichter Handbewegung beiseite geschoben wird. Diese Methode der deutschen Argumentation ist, wenigstens was die erwarteten Augenblickserfolge anbelangt, nicht am Platze. Der Engländer Keynes hatte mit seinem Pessimismus für Spa durchaus Recht behalten. Er erwartete von Spa keine Einsicht, die der Wirklichkeit gerecht wird. Im Augenblicke der Spaer Verhandlungen war für den französischen Vertreter die Kohlenfrage keine wirtschaftliche Frage mehr,.

61

sondern eine politische. Hätte Millerand das Ziel, das ohne sachliche Überlegung von der öffentlichen Meinung Frankreichs gesteckt wurde, nicht erreicht, so wäre er in Paris ein erledigter Mann gewesen. England aber war genötigt, mit Rücksicht auf seine kleinasiatische Politik, für die es Frankreichs Entgegenkommen gewinnen mußte, mit etwaigen sachlichen Erwägungen hintan zu halten. Die Forderung Frankreichs wurde unter dem Säbelgerassel des französischen Marschalls durchgesetzt. Wie wenig sachlich die Reparationsverhandlungen geführt wurden und bis heute noch geführt werden, erhellt daraus, daß Frankreich, obwohl die deutschen Kohlenlieferungen bei weiten nicht das in Spa geforderte Maß erreichen können, heute bereits mit Kohle überschwemmt ist. Dabei geht der Wiederaufbau nicht von der Stelle. Eine Verteilung der deutschen Leistungen auf die verschiedenen Lebensnotwendigkeiten Frankreichs würde Deutschland nicht derartig einschnüren, wie es die Kohlenlieferungen tun und würde für Frankreich förderlicher sein. Die französische Wirtschaft gleicht heute einem Organismus, der mit einem nicht verdaulichen Nahrungsmittel bis zum Platzen vollgefüllt ist.

An der Haltung von Hugo Stinnes in Spa wurde nachher in Deutschland eine scharfe Kritik geübt. Man warf ihm vor, er habe durch seine scharfe Ablehnung bewußt auf die Besetzung des Ruhrgebietes hingearbeitet, die für ihn keine Profitschmälerung bedeute. Außerdem wurde angedeutet, er wünsche eine Herrschaft Frankreichs über das Ruhrgebiet, um der deutschen Sozialisierung zu entgehen. Hierzu ist zu sagen, daß Stinnes sicher andere und weniger gefährliche Möglichkeiten ausfindig machen könnte, falls für ihn das reine Profitinteresse oder die Furcht vor der Sozialisierung ausschlaggebend sein sollten. Im übrigen scheint er der Ansicht zu sein, daß die Franzosen im Laufe der Zeit bestimmt einen Anlaß finden wollen, um das Ruhrgebiet zu besetzen. Wie er später bei einer Rechtfertigung seiner Haltung in Spa ausführt, erscheint es ihm von weniger nachteiligen Folgen für die deutsche Zukunft, wenn eine solche Besetzung zur Zeit von Spa erfolgt wäre, als wenn sie später eintreten würde.

62

Der Verhandlung von Spa ging eine Unterredung mit Millerand vorher. Die ausländische Presse berichtete, Stinnes habe ein Projekt für eine enge Zusammenarbeit zwischen der französischen und deutschen Kohlen- und Eisenindustrie entworfen, die für den Aufbau der deutschen Wirtschaft von größter Bedeutung sein werde. Bis in die kleinsten Details habe Stinnes seinen Plan entwickelt. Der Eindruck auf Frankreich sei sehr stark gewesen, jedoch hätten die französischen Industriellen gegen den Vorschlag von Stinnes Stellung genommen. Es sei wohl die Furcht ausschlaggebend gewesen, daß die französische Industrie bei einer Zusammenarbeit mit der deutschen durch deren überlegene Organisation in eine ungünstige Stellung gedrängt werden würde.

Mit seinen pessimistischen Berechnungen hat Hugo Stinnes in Bezug auf die Kohlenlieferungen nicht recht behalten. Die Zahlen freilich mögen gestimmt haben, aber die Entwicklung hat gezeigt, daß ein lebensfähiger Organismus bei Absperrung der einen Möglichkeiten elastisch genug ist, Neubildungen vorzunehmen. In vollkommener Weise ist allerdings das Exempel auf die Rechnung von Hugo Stinnes nicht gemacht worden. Die trotz Überschichten, Zuwendungen und Arbeitervermehrungen nicht ausreichende Förderung auf der einen Seite sowie die Transportschwierigkeiten auf der anderen Seite haben bewirkt, daß das Abkommen von Spa nicht in voller Höhe erfüllt werden konnte.

Auf die Öffentlichkeit im In- und Auslande hat die sachliche Einigkeit von Unternehmer und Arbeiter, die in Spa zu verzeichnen war, einen tiefen Eindruck gemacht. In Deutschland wurde dieser jedoch bald wieder verwischt, da die Kämpfe parteipolitischer und gewerkschaftlicher Art mit ungeahnter Schärfe sich an die Ereignisse von Spa anschlossen. Die Angriffe auf Stinnes verdichteten sich. Man warf ihm im einzelnen vor, er suche Einfluß in Frankreich zu gewinnen, er beabsichtige, die deutschen Hoheitsrechte im Ruhrrevier einzuschränken, und er versuche, mit Hilfe der von ihm gekauften Presse die Arbeiterschaft zu spalten. Von Interesse ist ein Brief, den Hugo Stinnes während dieser Kontroverse an einen Angreifer richtete. Er schrieb im Juli 1920:

„In der ‚Essener Arbeiterzeitung' finde ich an erster Stelle Ausführungen von Ihnen, zu denen ich ausnahmsweise Stellung nehme, weil sie von einem Angehörigen unseres heimischen Bergbaues herrühren, und weil sie geeignet sind, wenn sie unwidersprochen bleiben, in den Kreisen unseres heimischen Bergbaues Unheil zu stiften. Die Sachverständigen des Kohlenbergbaues haben in Spa ausschließlich dafür gekämpft, daß die Zwangslieferungen an den Feindbund sich in solchen Grenzen hielten, daß die Bergarbeiterschaft Deutschlands nicht vor die Alternative gestellt würde, entweder in einer für ihren Ernährungszustand ungebührlichen Weise zu einer wesentlich vermehrten Überarbeit herangezogen zu werden, oder aber durch Verweigerung dieser Mehrarbeit die Verantwortung dafür zu tragen, daß Arbeitslosigkeit und Not in allen anderen Gewerben ein noch viel größeres Maß erreichten, als es schon zur Zeit der Fall ist.

Nach den Verhandlungen in der Sozialisierungskommission und im Volkswirtschaftlichen Ausschuß zum Reichswirtschaftsrat, in denen ich ausdrücklich darauf aufmerksam gemacht habe, daß ich im Gegensatz zu vielen meiner Berufsgenossen nicht auf dem Standpunkt stände, daß in absehbarer Zeit die allgemeine Beseitigung des Achtstundentages als das Allheilmittel gegen das Anhalten der jetzigen Notzustände zu betrachten sei, ist es von Ihnen unerhört, daß Sie dennoch von mir das Gegenteil behaupten. Richtig ist nur, daß ich für den Bergbau und die Landwirtschaft und das Transportgewerbe die Notwendigkeit mindestens von vorübergehender Überarbeit als unerläßlich zur Beseitigung der jetzigen Zustände bezeichnet habe. Was Sie über eine in Paris zu errichtende französisch-deutsche Einkaufsgesellschaft unter sehr starker Beteiligung von mir sagen, ist entweder leichtfertige oder bewußt falsche Darstellung, denn es ist von vornherein bei jeder Gelegenheit — auch bei den Verhandlungen im Zechenverband — betont worden, daß auf deutscher Seite die Beteiligung nur bei den Gewerkschaften und dem Kohlensyndikat liegen könne. Wenn Sie ohne Wissen oder gegen besseres Wissen Zwietracht und Mißtrauen

zwischen den Arbeitern und Werksvertretern im Kohlen-
bergbau stiften wollen, so werden sie lediglich die Geschäfte unserer gemeinsamen Bedrücker betreiben und erreichen, daß die Angehörigen des rheinisch-westfälischen
Bergbaues zum Schaden unseres Vaterlandes für das Ausland in den nächsten Jahren Sklavenarbeit werden leisten
müssen. Sie werden damit denselben Schaden stiften,
wie eine Anzahl Vertreter in Spa, die aus einer fremdvölkischen Psyche heraus den deutschen Widerstand gegen unwürdige Zumutungen gebrochen haben. Ich er-
warte, daß Sie dafür sorgen werden, daß diese meine
Entgegnung auf Ihre Ausführungen an entsprechender
Stelle der „Essener Arbeiterzeitung" erscheint. Glückauf!"
Die Abwehr der Verdächtigungen war ein gutes Recht
von Hugo Stinnes. Ein Sachverständiger, der zur Begut-
achtung herangezogen wird, muß seine Meinung offen sagen
dürfen, ohne falscher Motive verdächtigt zu werden. Allerdings
dings gibt sich Stinnes bei dieser Gelegenheit selbst eine
Blöße, indem er den anderen Sachverständigen, die seinen
Standpunkt nicht teilten, Beweggründe einer fremdvölkischen
Einstellung unterschiebt. Vielleicht wollte er sich selber
gegen den Eindruck wehren, den eine französische Zeitung
dadurch hervorgerufen hatte, daß sie bei einer Beschreibung
von Stinnes auf sein „semitisches" Aussehen hinwies.
„Moitié professeur, moitié rabbin", so war von Stinnes die
Rede. Auf jeden Fall war der Ausfall von Hugo Stinnes
gegen seine Spaer Kollegen recht unglücklich.
Auf die Politiker ist Hugo Stinnes seit Spa besonders
schlecht zu sprechen. Nach den Verhandlungen der Londoner Konferenz erhob er im Auswärtigen Ausschuß des
Reichstages scharfe Angriffe gegen die deutsche Verhand-
lungsführung. Er warf dem Kabinett vor, es sei in der
deutschen Außenpolitik keine führende Idee und keine Plan-
mäßigkeit zu finden. In der letzten Zeit wurde eine Äuße-
rung von Stinnes wiedergegeben, die er gegenüber einem
ausländischen Pressevertreter getan haben soll:
„Man verliere nur Zeit mit dem ‚Geschwätz von Poli-
tikern, die von Kammer und Presse wie Hampelmänner
aufgezogen werden.‘ Es sei notwendig, daß Geschäfts-

männer zusammenträfen und ohne Haß miteinander rede-
ten. Man dürfe keine Konferenzen mehr abhalten, bei
denen jeder den Revolver auf den Tisch neben sich lege.
Zur Rettung der kranken Welt sei die Konsultierung
einiger Ärzte hinter geschlossenen Türen erforderlich.
Deutschland würde etwas Unsinniges anbieten, wenn es
sich bereit erkläre, auch nur die Zinsen einer Anleihe von
50 Milliarden zu zahlen. Wenn die Verbündeten auf
dergleichen rechneten, würden sie neue Enttäuschungen
erleben. Frankreich hätte seit zwei Jahren Material und
Arbeiter für den Wiederaufbau erhalten können. Es würde
sich kein Deutscher gefunden haben, um sie ihm abzu-
schlagen. Aber Frankreich wolle garnicht die Wieder-
gutmachung, sondern sehe es nur auf die Demütigung
Deutschlands ab. Augenblicklich gebe es in der Welt nur
zweierlei Staaten, diejenigen, die dank ihrer Valuta Rohstoffe kaufen können und die anderen. Beide seien dem
Untergang verfallen, wenn es nicht gelingen sollte, sich
über gegenseitige Hilfe zu verständigen. Man könne Geld
finden, aber nur, wenn man der Welt das Beispiel einer
vollkommenen Zusammenarbeit gebe. Alle Geschäftsleute
wüßten, daß verfügbares Geld zu finden sei, nur die
Politiker wüßten es nicht. Er versuche, sein Land vor
dem Untergang zu retten und rette damit zugleich die
anderen Länder."

In seinem Kern ist dieses Interview zweifellos echt, denn
so denkt und spricht Stinnes: kurz, großzügig, selbstbe-
wußt, draufgängerisch.

Es ist sicher, daß Hugo Stinnes seine ganze organisatorische Kraft einsetzen wird, um die europäischen Probleme
zu lösen, wenn die Zeit zu derartigen Verhandlungen gekommen sein wird. Schmollendes Abseitsstehen liegt nicht
in seiner Natur.

Als Parteimann gehört Stinnes zur Deutschen Volkspartei.
Diese scheint sich mit der Hoffnung getragen zu haben, der
mächtige Trustbeherrscher werde den granitenen Block ihrer
Parteipolitik bilden. Sie hat sich getäuscht. Hugo Stinnes
scheint keine Lust zu verspüren, seine wirtschaftliche Tätig-

66

keit durch eine enggebaute und wenig ersprießliche Gruppen-
politik zu ersetzen.

In der letzten Zeit hat man es Stinnes sehr verübelt,
daß er drei Schiffe, die hintereinander vom Stapel liefen,
mit Namen benannt hat, die heute keinen guten Klang mehr
haben. Die Taufe der Schiffe „Hindenburg", „Tirpitz"
und „Ludendorf" empfand man vielfach als Provokation;
wahrscheinlich aber hat Stinnes eine solche provokatorische
Absicht ferne gelegen. Der Bau dieser Schiffe nämlich liegt
mit seinen Anfängen noch in jener Zeit, da die oben ge-
nannten Namen noch einen anderen Klang in Deutschland
besaßen. Es ist vermutlich damals vereinbart worden, daß
diese drei Männer die Patenschaft der Schiffe übernehmen
sollten, und heute, da sie vom Stapel laufen, würde es bei
einer Natur wie Stinnes verwunderlich sein, wollte er aus
irgendwelchen psychologischen oder taktischen Erwägungen
kneifen.

Stinnes und die Sozialisierung.

Kohle und Eisen sind die beiden mächtigen Grundfesten der deutschen Wirtschaft. Wer sie beherrscht, hat Einfluß auf das kleinste Gewerbe. Wenn Deutschland sie produzieren, verarbeiten und exportieren kann, so erwirbt es dadurch die Gegenleistungen der Weltwirtschaft, kann seinen eigenen Bedarf decken und soviel gewinnen, daß es die Versorgung immer besser und ausgiebiger gestalten und die Betriebe auf eine immer vollkommenere Stufe steigern kann. Vögler, Direktor im Stinnes-Konzern, hat mit seiner Formel durchaus recht: bei uns ist die Kartoffel längst ein Produkt der Kohle geworden.

Bei dem Kampf um neue Wirtschaftsformen geht es deswegen in erster Linie um die Herrschaft über Kohle und Eisen. Seit langer Zeit sind Presse, Versammlungen und Kommissionen damit beschäftigt, den Plan zum Ausbau dieser neuen Formen zu entwerfen. Im Reichswirtschaftsrat hat Deutschland als erstes Land eine parlamentarische Einrichtung geschaffen, die die Wirtschaftsfragen dem Streit der nach Weltanschauungen zerrissenen Parteien zu entziehen versucht, um sie den Interessentengruppen der verschiedenen Berufsstände zur sachgemäßen Bearbeitung zu überantworten.

Im Reichswirtschaftsrat finden sich Vertreter aller Berufsstände zur sachlichen Arbeit zusammen. Die Frage der Sozialisierung des Bergbaues ist ausgiebig im Jahre 1920 nach den Ereignissen in Spa beraten worden. Wenn man heute die Verhandlungsberichte liest, so muten sie an wie ein spannendes und aufregendes Drama, das den Kampf der Meinungen und Interessen auf weithin sichtbarer Bühne zeigt und zuweilen auch des Satyrspiels nicht entbehrt.

Bei der Bergbaudebatte standen sich die Anschauungen in scharfer Kampfstellung gegenüber. Hugo Stinnes, der

68

dem Reichswirtschaftsrat angehört, hat sich an den Beratungen eifrig und mit positiver Mitarbeit beteiligt. Nachdem die ersten Verhandlungen keine gemeinsame Basis ergeben hatten, wurde die sogenannte Verständigungskommission gebildet, die sich von Berlin aus nach Essen mitten ins Kohlenrevier hinein begab, um dort zu praktischen Ergebnissen zu gelangen. Neben Stinnes und Vögler gehörten weitere Arbeitgeber und Arbeitnehmer aus den Zweigen der Kohlenwirtschaft und der weiterverarbeitenden Betriebe diesem Verständigungsausschusse an. Das Ergebnis dieser Essener Beratungen war ein Gutachten, das im wesentlichen auf die Urheberschaft von Stinnes zurückgeht. Die Führer der Schwerindustrie erkennen das gemeinwirtschaftliche Interesse in diesem Gutachten an. Es würde zu weit führen, hier die Einzelheiten der Vorschläge zu erörtern. Zwei leitende Gesichtspunkte seien hervorgehoben. Das Gutachten tritt für die Schaffung von vertikalen Zusammenfassungen innerhalb der Wirtschaft ein. Das Ziel ist möglichst ergiebige Ausnützung der Rohstoffe und möglichst reibungslose und zweckmäßige Verarbeitung zum feinsten Fabrikat. Die Wirtschaftskonzentrationen des vertikalen Aufbaues sollen durch horizontale Zusammenfassung durchorganisiert werden. Der wirtschaftlichste Betrieb soll die höchste Bedarfsdeckung ermöglichen und damit eine Hauptforderung der Sozialisierung erfüllen. Nach der Auffassung von Stinnes geht die Vertrustung mit der Sozialisierung parallel und braucht sich mit ihr nicht zu kreuzen. Ein zweiter leitender Gedanke fordert die Bildung von Wirtschaftsprovinzen. Das Wirtschaftsreich soll, nicht auf Grund geographischer und politischer Verhältnisse, sondern rein nach zweckmäßigen ökonomischen Gesichtspunkten aufgeteilt werden. Innerhalb eines einheitlichen Bezirkes soll dann eine Zusammenfassung sämtlicher Wirtschaftszweige erfolgen und eine gemeinsame Regelung der Krafterzeugung, Rohstofförderung, Weiterverarbeitung sowie der notwendigen Verkehrseinrichtungen vorgenommen werden. Bei der Bildung von Wirtschaftsprovinzen entwickelt Stinnes einen Plan, den er in der Praxis bereits vor dem Kriege auszuführen versuchte. Seine Montanunternehmungen im Ruhrgebiet sowie der Ausbau der Elektrizitätswirtschaft sind dort bereits im Rahmen eines wirtschaftlichen Einheitsgebietes angelegt.

Zur Durchführung der Gemeinwirtschaft schlägt Stinnes ferner die Beteiligung der Arbeitnehmer durch die Erwerbung von Aktien vor.

Diese Richtlinien sind aus der Praxis geboren und decken sich mit den Absichten, die Stinnes bei der Gründung seiner Unternehmungen sowie beim Zusammenschluß seines Konzerns verfolgt hat. Die Bedeutung der Zusammenschlüsse für die wirtschaftliche Entwickelung Deutschlands ist unbestritten. Der Vorschlag der Kleinaktie ist für die Entwickelung zur Gemeinwirtschaft unwesentlich, vielleicht sogar hinderlich. Eine Beteiligung des einzelnen Arbeitnehmers an den Unternehmungen würde den Wirtschaftsindividualismus noch verstärken. Von anderen Unternehmern wurde eine Beteiligung der Arbeitnehmer als Kollektivbeteiligung gefordert. Eine solche Form würde zweifellos eher geeignet sein, das Ziel der Gemeinwirtschaft näher zu rücken. Die Sozialisierung selbst ist bis heute noch nicht weit gediehen. Bevor nicht die großen unbekannten Faktoren aus der Weltwirtschaft beseitigt sind, die das ungelöste Wiedergutmachungsproblem hervorgerufen hat, und die alle Verhandlungen bisher nicht in faßbare Größen umzuwandeln vermochten, wird eine Umgestaltung der heutigen Wirtschaftsformen durch die Gesetzgebung schwerlich zu erreichen sein. In diesem Zusammenhange ist es von Interesse, ein Urteil des französischen Sozialismus über die von Stinnes geschaffenen Wirtschaftsgebilde zu vernehmen. „Le Peuple" wies vor einiger Zeit auf die Verbilligung der Erzeugung und die Vermeidung der Rohstoffverschwendung hin die durch diese Konzentration hervorgerufen sei, und bezeichnet sie als „nachahmenswerte Maßnahmen für Frankreich." Die französische Industrie wisse heute nichts Besseres zu unternehmen als Erhöhung der Zolltarife. Dadurch werde der Gewerbefleiß abgestumpft und der Wettbewerb in der Weltwirtschaft beeinträchtigt. Die deutschen Konzentrationen bewiesen, daß und wie die Produktionsmethoden verbessert werden könnten.

70

Die Bedeutung des Stinnes-Konzerns für die deutsche Wirtschaftsentwickelung.

Hugo Stinnes ist eine starke Persönlichkeit, zweifellos; aber er wächst, wirtschaftlich gesehen, ebenso zweifellos rasch ins Überpersönliche: er wird sein Werk.

Der Stinnes-Konzern ist ein Schulfall der deutschen Vertrustung. Diese unterscheidet sich in ihren Ursprüngen, in ihrem Werden und in ihrer Wirkung in vieler Hinsicht von der bekannten amerikanischen Vertrustung. Während Amerika infolge seiner vielen unerschlossenen und unausgenützten natürlichen Schätze den Riesenunternehmungen beispiellose Gewinnaussichten bot, war im deutschen Wirtschaftsreiche, das bereits unter Aufteilung und Ausnützung seiner Rohstofflager und infolge der vorgeschrittenen technischen Entwickelung eine große Zahl selbständiger Unternehmer besaß, eine Riesenunternehmung nur möglich, wenn zu dem Wagemut des Unternehmers eine außerordentliche organisatorische Begabung hinzutrat. Die amerikanischen Trustmagnaten haben vielfach durch riesige Effektentransaktionen die Spekulationslust geschickt benutzt, um die Besitzer kleinerer und größerer Kapitalien zu schröpfen und auszubeuten. Derartige Großspekulationen sind bei uns stets vereinzelt geblieben. Erst in der jüngsten Zeit haben die Börsen von Berlin und Wien derartige Sensationen erlebt. Sie werden abebben mit der Stabilisierung der Valuta. Die Konzentration in Deutschland ist in erster Linie nicht durch Finanzoperationen möglich geworden, sondern durch organisatorische Zusammenfassung gleichstufiger oder gleichartiger Unternehmungen. Eine solche Kombination bot für die Geschäftsleitung und die Gesellschaft erhebliche Vorteile, deren sich isolierte Unternehmungen nicht erfreuen konnten. Im

Einkauf der Rohstoffe arbeiteten sie geschickter und sparsamer, vielfach waren sie, wenn sie sich auf eigenen Rohstoffen aufbauten, in der günstigen Lage, das Material ohne verteuernden Zwischengewinn, ohne zeitraubenden und kostspieligen Transport zu beschaffen. Die Rohstofferzeugung konnten sie außerdem nach dem Gesichtspunkte bestimmter Qualitätserfordernisse betreiben.

Bei den Montanunternehmungen kamen die eigenartigen Formen der Unternehmerorganisationen hinzu, um die gemischten mehrstufigen Betriebe von vornherein zu begünstigen. Die langjährigen Streitigkeiten im rheinisch-westfälischen Kohlensyndikat, an dem außer Gemischtwerken vorwiegend reine Zechenbetriebe beteiligt sind, entspringen dieser Tatsache. Die Montankonzerne wuchsen aus den Syndikaten und Kartellen heraus. Sie werden in absehbarer Zeit die bisher üblichen Kartellierungsformen vollends zertrümmern.

Ein wesentlicher Unterschied zwischen den deutschen und und den amerikanischen Trusts besteht ferner darin, daß in Amerika die Trustherrschaft meistens zu der vollen Beherrschung eines ganzen Wirtschaftsgebietes führte. So entwickelte sich die allmächtige Standard Oil Company, deren Geschichte mit dem Namen Rockefeller verknüpft ist, in dem knappen Zeitraum von 10 Jahren nach der Aufsaugung von 39 Gesellschaften zur Beherrscherin des amerikanischen Petroleums. Sie transportierte und verteilte 95 % der gesamten amerikanischen Produktion. Derartige Alleinherrscher gibt es in Deutschland nicht, da innerhalb eines Wirtschaftszweiges eine Reihe ebenbürtiger Konzerne emporwuchsen. Im deutschen Wirtschaftsleben waren nämlich zahlreiche große Betriebe mit ausgeprägtem Persönlichkeitscharakter vorhanden, als die Zeit der Zusammenschlüsse herannahte. Allein in der Montanindustrie zählen wir heute eine erhebliche Anzahl großer Konzerne. Es gibt bis heute keine allmächtige Herrschaft eines einzigen Trustes. Die Folge davon ist, daß der Wille jeder einzelnen Trustleitung zu den größten Anstrengungen angespornt wird. Ein Montankonzern darf es sich nicht erlauben, auf seine Machtstellung zu vertrauen und in der stetigen Vervollkommnung seiner Einrichtungen

72

und der Produktionssteigerung nachzulassen. Diese Notwendigkeit zwingt die deutschen Konzerne immer von neuem dazu, in scharfer Anspannung der Kräfte eine Verbilligung der Produktion und eine größere Ergiebigkeit der Arbeitsleistung anzustreben.

Ein weiteres Merkmal der deutschen Trusts ist ihre Föderativverfassung, entsprechend dem Charakter des deutschen Volkes. Wie es das Beispiel des Stinnes-Konzerns zeigt, wird geradezu eine Dezentralisation angestrebt, um die Selbständigkeit der einzelnen Unternehmungen, die Verantwortungsfreudigkeit des einzelnen Leiters zu erhalten und zu steigern, und die Gefahren einer bureaukratischen Verkalkung in der Verwaltung und im Betriebe zu vermeiden.

Wir sehen heute in Deutschland die verschiedensten Formen des Zusammenschlusses. Die Kombinationen erfolgen nach den verschiedensten Richtungen. In einem Ziele aber sind alle gleich: rationeller als bisher zu wirtschaften. Diese Rationalisierung der Wirtschaft ist notwendig, um Deutschland lebensfähig zu erhalten. Daß sie von innen heraus sich bildet, ist ein Zeichen für die innere Lebenskraft. Wohin die Entwicklung später führen wird, ist heute noch nicht abzusehen. Die Theorien über die geringere und größere Zweckmäßigkeit der Konzentration gehen auseinander. Der Streit der Parteien nimmt häufig außerordentlich scharfe Formen an. Aber unterdessen geht die Entwicklung von Tag zu Tag voran. Man wird sich darauf beschränken müssen, ungesunde Auswüchse dieser Entwicklung zu verhindern. Sie selber aber muß man gewähren lassen.

Die Bedeutung der deutschen Trusts für die Zukunft Deutschlands ist in jedem Falle außerordentlich groß. Die Zeiten vor dem Kriege muten uns mit ihren als normal bezeichneten wirtschaftlichen Verhältnissen heute fast mittelalterlich-kleinbürgerlich an. Die Entwicklung vollzieht sich mit rasender Geschwindigkeit. Der Druck der äußeren Verhältnisse, die Abtrennung oder Gefährdung lebenswichtiger Wirtschaftsgebiete, die Drosselung unserer Einfuhr und Ausfuhr müßten uns zugrunde richten, wenn nicht von innen heraus ungeahnte Kräfte entbunden und zur Entfaltung gebracht würden. Deutschland müßte zum menschenarmen

Agrarstaate werden, wenn nicht die Bildung neuartiger Wirtschaftsformen eine Produktion ermöglichen würde, die reichlicher, besser und billiger ist als die frühere. Die Trustbildung veranlaßt und erleichtert die Bildung solcher neuen Wirtschaftsformen. Es verlohnt sich, an dem Beispiel des Stinnes-Konzerns die Wirkungen der Vertrustung zu beobachten.

Die Vereinigung des Gelsenkirchener Bergwerksvereins, der Deutsch-Luxemburgischen Bergwerksgesellschaft und des Bochumer Vereins für Bergbau und Gußstahlfabrikation faßt zunächst eine große Anzahl gleichartiger Betriebe für die Rohstoffgewinnung von Kohle, Eisenerz, Kalkstein und Dolomit zusammen. Die Förderung dieser Urstoffe geschieht nicht nur für die Werke des eigenen Konzerns, sondern in erheblichem Maße für außenstehende Betriebe. Der Zusammenschluß ermöglicht zunächst eine Verbilligung und Verbesserung der Förderungsmethoden, da der gemeinsame Betrieb den Konkurrenzkampf ausschaltet und die Absatzmöglichkeiten planmäßiger in seine Rechnung einbeziehen kann. Die eigene Weiterverarbeitung der Urproduktion verbilligt die Selbstkosten. Infolgedessen sind die Betriebe in der Lage, mit ganz anderen Mitteln als die mühsam rentierenden isolierten Betriebe neue Unternehmungen zu wagen, deren Ergiebigkeit zweifelhaft ist. Betriebstechnische Neuerungen können versucht werden, ohne das Werk zu gefährden.

Die Nebenproduktion und Zwischenproduktion der Bergbaubetriebe kann in hervorragender Weise ausgebaut und nutzbar gemacht werden. Auch hier sind, wie die Geschichte des Stinnes-Konzerns zeigt, eine Reihe technischer Neuerungen erst dadurch möglich gewesen, daß das Risiko des Versuches sich auf die einzelnen Werke verteilte. Die eigene Verarbeitung der Nebenprodukte Koks, Weißkalk u. a. kann in vielstufiger Qualität betrieben werden. Die Roheisenproduktion des Konzerns findet alle benötigten Materialien innerhalb der angeschlossenen Betriebe. Die Verhüttung erfolgt in selbstgebauten Anlagen. Stahl, Edelstahl, Eisenguß, Hochofenzement, Schlackensteine werden je nach der Art der weiterverarbeitenden Bedürfnisse produziert.

Halbfabrikate in den vielfältigsten Formen und Eigenschaften sind die weiteren Erzeugnisse der angeschlossenen Werke. Die Betriebe von Gelsenkirchen erzeugen Eisenbahnmaterial, Stabeisen, Bleche und Rohre, der Bochumer Verein fertigt Eisenbahnmaterial, Schmiedestücke, Stabeisen und Stahlguß. Brüninghaus produziert rohe Schmiedestücke und Stabeisen, das frühere Werk Thomée erzeugt Stabeisen und Walzdraht. Die früheren Werke Berg fabrizieren Stabmetall, Metallbleche, Metalldraht und Metallrohre, Deutsch-Luxemburg erzeugt Eisenbahnmaterial, Schmiedestücke, Formeisen, Stabeisen, Bleche, Walzdraht. Die angeschlossenen Werke von Siemens kommen ebenfalls für Stabmetall und Metallwalzdraht in Frage.

Die Fertigfabrikation umfaßt bei Deutsch-Luxemburg alle Arten von Werkzeugen, Schrauben und Nieten, Federn, Beschlagteilen, Weichen, Eisenbahn- und Brückenmaterial, Kranen, Drahtseilen, Eisen- und Straßenbahnwagen, Lastwagen, Maschinen und Schiffen. Aus sämtlichen Betrieben der Zwischenfabrikation zieht Deutsch-Luxemburg sein Bedarfsmaterial heran. Der Bochumer Verein stützt sich auf die vorhergehenden Produktionsstufen und erzeugt Federn, Beschlag- und Schmiedeteile sowie Eisenbahnmaterial.

Auf dieser Unterlage von Rohstoffen, Halb- und Fertigfabrikaten baut sich der Siemens-Konzern mit einer außerordentlich vielfältigen Fabrikation auf: Generatoren und Motoren, Transformatoren, Schaltapparate, Installationsmaterial, Kabel und Leitungen, Telegraphen- und Telephonapparate, Signalapparate, Meßinstrumente, elektromedizinische Apparate, Wassermesser, Eisenbahnsicherungsapparate, Last- und Personenkraftwagen, künstliche Kohle, technisches Porzellan, technisches Papier, Reizwolle, Glühlampen, elektrische Zentralanlagen, elektrisch betriebene industrielle Anlagen, elektrische Verkehrsanlagen, elektrochemische Anlagen, Fernsprechämter, und -leitungen, Signalanlagen, Schaltwerksanlagen, Tiefbauten und Wasserbauten.

Die gesamte Produktion der Vorstufen kann mit Rücksicht auf die letzten Verfeinerungsarbeiten vorgenommen werden. Außerdem werden die Bedürfnisse der Verfeinerungsindustrie eine Reihe zweckmäßig einzurichtender Vorbetriebe veranlassen.

Eine starre Gliederung sehen wir in diesem System nicht. Horizontale und vertikale Kombinationen laufen neben- und durcheinander. Viele Betriebe sind in sich vertikal oder horizontal gegliedert, manche auch nach beiden Richtungen mit anderen verknüpft. Außer der Anpassung in der Stufenfolge wird auch jede einzelne Stufe organisch gegliedert. Die Rationalisierung der Betriebe wird zweifellos noch weiter fortschreiten. Besonders für die Reihen- und Serienfabrikation ist, die Zusammenfassung von großer Bedeutung.

Die von Wirtschaftsfachmännern geforderte horizontale Gliederung ist also im Stinnes-Konzern bereits vorgezeichnet und dürfte noch einen weiteren Ausbau erfahren.

Stinnes wird im allgemeinen als der schärfste Verfechter der vertikalen Trustbildung angesehen. Die neueste Entwicklung zeigt, daß auch diejenigen Industrieführer, die früher sehr scharfe Gegner der vertikalen Vertrustung waren, ohne den An- und Ausbau nach unten und nach oben nicht mehr auskommen können. Eine Vereinigung der beiden Kombinationsformen scheint in Zukunft in weitestem Umfange einzutreten.

Die Angriffe gegen den Stinnes-Trust sind vielfältig. Sie richten sich in den meisten Fällen nicht gegen die Person des Führers, sondern gegen die Art der Vertrustung und treffen damit auch die anderen großen Konzerne, die sich heute in Deutschland bilden. Man macht darauf aufmerksam, daß die Entwicklung dieser Truste nicht organisch erfolge, sondern nur unter dem ungeheuren Drucke äußerer Umstände. Für die Zeiten einer normalen Wirtschaftstätigkeit will man große Gefahren darin sehen, daß die heutigen Konzerne sich eine große Anzahl von Haupt- und Nebenbetrieben angliedern, die sie bei einer Überführung in geregelte Wirtschaftszeiten nicht mehr ausnutzen könnten. Der Leerlauf oder die Stillegung derartiger Betriebe würden aber nicht verhindern, daß die erheblichen Aufwendungen an Kapital verzinst und getilgt werden müßten. Damit würde sich eine schädliche Belastung bei der Preisbildung ergeben. Das gleiche würde eintreten für die Überbezahlung, die heute bei der Angliederung neuer Objekte vielfach geleistet würde. Diese Lasten würden eine Preissenkung verhindern und

76

müßten letzten Endes vom Konsumenten getragen werden, so daß eine wirtschaftliche Schwächung der breiten Volkskreise eintreten würde.

Ferner sei die Gefahr groß, daß die Inhaber der mächtigen Truste ihren Einfluß auf das Leben der Gesellschaft und des Staates mißbrauchen könnten. Namentlich werde es schwierig sein, bei der internationalen Wirtschaftsverständigung die Produktion der einzelnen Länder zu regeln, wenn in diesen mächtige selbständige Pyramiden außerhalb der großen Gemeinschaft ständen.

Schließlich wird erwähnt, die Konzerne machten die Selbständigkeit wertvoller kleiner und Mittelbetriebe unmöglich und dämpften die Entwicklungskraft der breiten Schichten.

Diese Bedenken sind nicht ganz unberechtigt. Außerdem ist eine Sicherheit bei der Vertrustung bisher nicht gegeben, die notwendig ist. Die Wirtschaft wird zwar durch die Konzernbildung auf das äußerste Maß rationalisiert werden, es ist aber bis jetzt nicht gewährleistet, daß die technisch noch so vollkommenen Betriebe nach gemeinwirtschaftlichen Gesichtspunkten arbeiten. Was nützen der Gesamtheit z. B. die besten Fernsprecher, wenn notwendige Lebensbedürfnisse an Wohnung, Kleidung und Nahrung des Volkes nicht ausreichend und zu erschwinglichen Preisen bestritten werden können? Bis heute wird ferner jeder Fortschritt auf dem Wege zur verbesserten Bedarfsdeckung dadurch rückgängig gemacht, daß ein sich steigernder Lockreiz stets neue Bedürfnisse weckt. So kommt es, daß der wirtschaftliche Druck auch bei der vollen Möglichkeit der Bedarfsdeckung bestehen bleibt.

Was den Streit um den Vorzug einer horizontalen oder vertikalen Konzentration anbelangt, so scheint eines sicher zu sein: der Vertikaltrust ist in der heutigen bedrängten Lage, in der sich die deutsche Wirtschaft befindet, diejenige Form, die für die nächste Zukunft die größere Bedeutung hat. Der Vorzug der horizontalen Gliederung liegt in der Wirkung nach innen. Sie ist einer Gemeinschaft von Menschen zu vergleichen, die bei ungehinderten Beziehungen zur Außenwelt mit zweckentsprechender Arbeitsteilung und Vermeidung jeder zeit-, kraft- und materialraubenden Reibung wirtschaften. Die deutsche Wirtschaft aber darf sich heute nicht einzig und allein auf das eine Ziel einstellen, im eigenen Lande eine möglichst vollkommene und reibungslose Bedarfsdeckung vorzunehmen und dabei dem freien Weltverkehr zu vertrauen. Der deutsche Wirtschaftsorganismus ist verstümmelt und wird in den kommenden Zeiten der Wirtschaftskrisen und Machtkämpfe nur dann sein Dasein behaupten können, wenn er sich Stützpunkte und Nahrungsplätze außerhalb seiner Grenzen sichert. Nur ein vertikaler Trust wie der Stinnes-Konzern kann sich heute Stützpunkte in den gefährdeten Gebieten und im Auslande schaffen. Wenn zehn gleichartige Betriebe sich einen elften im Auslande angliedern, so können sie in Zeiten der politischen und wirtschaftlichen Unsicherheit nicht durch Vermittlung dieses einen Werkes das Ziel der Wirtschaft erreichen. Ein Konzern aber mit der Verknüpfung der Rohstofferzeugung und mit der Sicherung des Absatzes wird auch dann noch kräftig bleiben können und sogar bei gewaltsamer Hinderung neue Wirkungsmöglichkeiten haben.

Man richte seinen Blick auf die Ankerplätze des Stinnes-Konzerns: Rheinland-Westfalen, Hamburg, Berlin, Bayern, Ostpreußen, Deutsch-Österreich, man verfolge ferner die Anknüpfungen nach dem Auslande, und man wird erkennen, daß hier wertvolle Garantien selbst für Zeiten politischer und wirtschaftlicher Überraschungen gegeben sind. Wenn es der deutschen Volksgemeinschaft gelingt, den gewaltigen Konzern organisch in ihr Wirtschaftsgebäude einzugliedern, so wird sie an Hugo Stinnes den stärksten Eckpfeiler haben.

Gestalten und Dokumente

Band I

Général Buat

DIE DEUTSCHE ARMEE IM WELTKRIEGE

Herausgegeben und übersetzt von

Hauptmann a. D. Hans Krause

Größe und Verfall des deutschen Heeres.
Ein wertvoller Beitrag zur Kriegsgeschichte.
Gebunden M. 14.— Broschiert M. 10.—

Band II

Ernst Moritz Arndt

DER RHEIN, DEUTSCHLANDS STROM, ABER NICHT DEUTSCHLANDS GRENZE

Für unsere Gegenwart kommt diese Schrift
des großen Freiheitssängers wie ein Aufruf.
Gebunden M. 12.— Broschiert M. 10.—

Wieland=Verlag / München / Leopoldstraße 3

GÉNÉRAL BUAT

HINDENBURG

Général Buat, der Chef des französischen Generalstabes, der bereits ein beachtenswertes Werk über Ludendorff geschrieben hat, würdigt in diesem Buch die Leitung der deutschen Operationen. Ein Teil ist auch in diesem Buch der Persönlichkeit Ludendorffs gewidmet. Vor allem räumt der französische General mit dem Vorurteil auf, Hindenburg habe nur den Namen hergegeben. Buat erkennt seine lautere Gesinnung, sein klares Urteil und seine bedeutende Persönlichkeit. Selbst die französische Presse mußte nach Erscheinen dieses Werkes zugeben, daß die überragende Bedeutung Hindenburgs, des populärsten deutschen Heerführers, nun auch für das ehemalige feindliche Ausland feststehe.

Umfang zirka 300 Seiten

Gebunden M. 25.— Broschiert M. 20.—

Wieland-Verlag / München / Leopoldstraße 3